子どもの才能を伸ばす
最高の方法

モンテッソーリメソッド

The Montessori Method

[著] 堀田はるな　堀田和子 [監]
Hotta Haruna　Hotta Kazuko

あさ出版

はじめに　～子どもの才能を伸ばす最高の方法

デビューから無敗のまま将棋の歴代最多連勝記録を更新した、藤井聡太棋士。彼が幼少時に**「モンテッソーリ・メソッド」**を取り入れた幼稚園に通っていたことが報じられて、初めて「モンテッソーリ」という言葉を耳にした――本書を手にとってくださった方の中には、そのような人もいらっしゃると思います。

私自身、藤井棋士のニュースを受けて、保護者の方や知人、友人からお問い合わせを受ける機会が多くなってきました。

報道では、モンテッソーリ・メソッドが**「子どもの自主性を育む」**あるいはこの教育法によって**「集中力がつく」**という説明がされていますが、なぜそういうことになるのか、興味を持たれる方が多いようです。

「どんなすごい教育法なのでしょうか？」「家の近くにモンテッソーリ園がないけど、どうすればいいんでしょうか？」「小学生からでは間に合わないのでしょうか？」など、さまざまなお問い合わせをいただきます。

本書では、今、注目を集めているモンテッソーリ・メソッドについて、多くの方が知りたいと思われていることを、できるだけわかりやすく、お伝えしていきます。

話を先に進める前に、少し自己紹介をしておきたいと思います。

私は、現在「モンテッソーリ原宿子供の家」で教師を務めています。「モンテッソーリ原宿子供の家」は、モンテッソーリ・メソッドに基づいたプログラムを提供する幼児教育施設で、1973年の開設以来、その歴史はまもなく45年になろうとしています。開設者であり、園長である堀田和子は（本書の監修者です）、横浜市にある「モンテッソーリすみれが丘子供の家」（1992年開設）の園長も務めており、モンテッソーリ教師のディプロマ（免許状）をとるための教員養成コース「東京モンテッソーリ教育研究所付属教員養成コース」（旧・上智モンテッソーリ教員養成コース）の主任講師でもあります。

一方、私は社会人になってからしばらくの間、保育とは無縁の世界で仕事をしてきました。アパレル関連の会社で5年、アメリカに本社を持つインターネット通販会社で8年、インターネット上に店舗を持つ証券会社で4年、いずれもマーケティングに関わる仕事をしてきました。また、部署の長として部下の育成にも携わりました。

どの職場でも求められてきたことは、新しいサービスにふさわしいプロモーションを考え出すための発想力や、その実施にあたるためのプロジェクト管理能力、問題が発生したときの問題解決能力、社内外さまざまなメンバーと協力して仕事を進めていくためのコミュニケーション能力、部下の育成においては個別の能力に応じたコーチング能力など……挙げればきりがありません。

仕事を楽しめるメンタリティも重要でした。どんな仕事であっても、その中に何かしら楽しめるポイントを見つけて取り組んだほうが、「ひたすらきっちり真面目にやった」ときと比べ、ずっといい結果が出ていたからです。

いつも仕事にどっぷりだった私が、モンテッソーリ・メソッドに出会ったのはまったくの偶然でしたが、知れば知るほど「自分が子どものときに受けておきたかった」と心から思える内容に共感して、熟考の末、「子供の家」を自分の職場にすることを決めました。

モンテッソーリ・メソッドは、私がこれまで出会ったどんな学習法とも違っていました。子どものころから、社会人になった後も大量の本を読み、日々新しい知識に触れ、刺激を得てきてもなお、まだ自分に足りないものを探してきた私にとって、それは画期的な体験でした。

モンテッソーリ・メソッドがもたらしてくれたもの、それは、**生きるうえで必要な基本的な知識をしっかり体得すること**でした。

どんなに知識を得ても、土台がしっかりしていなければ、それを十分に活用することはできません。私は子どもと活動をするなかで、子どもを教えながらも、自分自身の知識があらためて整理され、頭の中にある棚に整然と収められていくさまを何度も実感をもって、体験しました。

もしもモンテッソーリ・メソッドに子どものころ出会っていたならば、そこで身についたはずのものは、私が社会に出て同じキャリアをたどったときに（もちろんそれ以外のケースでも）、大きく役に立っただろうと感じます。

思えば学生時代、試験でよい点をとるだけのために勉強することへ常に疑問を抱いていた私が、現在モンテッソーリ教師をしていることは奇跡に近いことのように思います。

そして、教師になる前にさまざまな社会経験を積んだ私のような人間だからこそ、伝えられることがあると考えています。

この本は「話題のモンテッソーリ・メソッドっていったい何？」と興味を持ってくださった方のための解説書です。

基本的には、**モンテッソーリ・メソッドを通して、子どもの育ちをどうサポートす**

るかを具体的にお伝えする内容ですが、企業で働くビジネスパーソンや経営者の方が読まれても、プロジェクトのメンバーや社員を育てたり、多様な人材を活かしたりするヒントが見つかるかもしれません。

モンテッソーリ・メソッドは子ども一人ひとりの個性を大切にしています。

従来の日本の教育現場がひとつの教育プログラムに子どもたちを合わせていくスタイルであるのに対して、**モンテッソーリ・メソッドは、それぞれの子どもをよく観察し、その子にあった教育プログラムを提供していく**、まったく逆を行くものです。

そのため、この本ではモンテッソーリの**「子どもは自ら学ぶもの」**という趣旨に照らして、あえて「モンテッソーリ教育」ではなく「モンテッソーリ・メソッド」と表記しています。

ぜひご一緒に、子どもの育ちを支えるサポーターになっていただきたいと思います。

堀田はるな

CONTENTS

第3章

子どもが育つ「環境」を整える【家庭編】

第4章

子どもが育つ「環境」を整える【子供の家編】

CONTENTS

参考文献・資料

・『子どもの発見』マリーア・モンテッソーリ著、国土社
・『創造する子供』マリーア・モンテッソーリ著、サンパウロ
・『モンテソーリの発見』E.M.スタンディング著、エンデルレ書店
・『発達心理学』保育士養成講座編纂委員会編、全国社会福祉協議会
・「2016年 IMF世界名目GDPランキング」
・「2017－2018年 WEF世界競争力ランキング」
・「CB Insights - The Complete List of Unicorn Companies」
・「2015年 UNESCO GDPに占める教育費の割合」
・『モンテッソーリ教育用語辞典』クラウス・ルーメル監修、学苑社
・「新しい学習指導要領の考え方」文部科学省

第1章

モンテッソーリ・メソッドで育つとどんな大人になるのか

モンテッソーリ・メソッドで育ったイノベーターたち

◆Google、Amazon創業者からドラッカー、オバマ、ジョージ・クルーニーまで

藤井聡太棋士の活躍で脚光を浴びたモンテッソーリ・メソッドですが、実は、近年このメソッドで育った人たちが画期的なテクノロジーを発展させたことから、その教育内容に興味を持つ人が増えてきています。

ざっと挙げるだけでも**Googleの共同創業者**である**ラリー・ペイジ**と**セルゲイ・ブリン**、**Amazon.com CEO**の**ジェフ・ベゾス**、**Wikipediaを始めたジミー・ウェルズ**、**Facebook創業者マーク・ザッカーバーグ**など、革新的なサービスや商品を世に送りだした錚々たる面々が幼少期にモンテッソーリ・スクールに通っていました。

テクノロジー分野以外に目を向けると、作家の**アンネ・フランク**、政治の世界では**クリントン夫妻**や**バラク・オバマ**、俳優の**ジョージ・クルーニー**、ワシントン・ポスト経営者でジャーナリストの**キャサリン・グレアム**、経営学者の**ピーター・ドラッカー**、世界的チェリストの**ヨーヨー・マ**などの名前が挙がります。

また、電話の基本形を発明したことで知られる**グラハム・ベル**は自身がモンテッソーリ・メソッドで育ったわけではありませんが、この教育法の内容に共感し、自分の子どもや孫たちのためにカナダに初めてのモンテッソーリ・スクールを開きました。残念ながらベル博士が開いた学校は現存していませんが、その後のカナダでのモンテッソーリ・スクールの発展につながっていきました。

さて、モンテッソーリ・メソッドによって、子どもたちにもたらされるものとは、いったい、どのようなものなのでしょうか。まずはGoogle創業者の二人が、モンテッソーリ・メソッドをどう評価しているかを確認してみましょう。

◆モンテッソーリ・メソッドから生まれた「20%ルール」

Google創業者の二人、ラリー・ペイジとセルゲイ・ブリンはスタンフォード大学で出会いましたが、偶然にもそろってモンテッソーリ・スクールの出身です。ラリー・ペイジはお互いが同じベースを持つ人間として、出会った時点ですでに共通の「言語」を持っていたとメディア向けのインタビューで語っています。

彼によれば、**モンテッソーリ・メソッドの効果の源泉は「自律」と「集中」にあり、それによって創造性が育まれる**といいます。

事実、モンテッソーリ・スクールで学んだ精神は、Googleの経営にも取り入れられており、その代表例が**「20%ルール」**です。これは、社員が勤務時間の20%、すなわち週のうちの一日は、通常の仕事を離れて**自分が一番やりたいことをする**というものので、一見無駄な投資であるようにも見えますが、実はその20%の時間から数々の画期的なアイデアや技術が生まれ、**Gmail**のもとになったと言われるサービスや、**Googleマップ**など、私たちの生活を一変させた機能やプロダクトが数多くあるのだ

2012年8月31日、マリア・モンテッソーリの生誕142周年の記念日にGoogleのロゴがモンテッソーリ教具を使ってデザインされた（提供：Google）

そうです。

一方のセルゲイ・ブリンは**「モンテッソーリ教育では、生徒に自由が与えられ、自分のペースで学び、何かを発見することが奨励されている」**として、**「自分の好きなことを追求できているのは、この教育のたまもの」**と話しています。

二人のインタビューには、モンテッソーリ・メソッドの本質が垣間見えています。この**「何をどのように行うかを自分で決める」**という点こそが、この教育方法の核となる考え方です。

「自立」という言葉が、単に他の助けを受けずに独り立ちすることを意味しているのに対して、「自律」とは、他からの支配や援助を受けず、「自分の行動を自分の立てた規律によって」行うことを言います。

いずれも「独り立ち」を意味しているものの、大きな違いは「自律」には「自分の行動を自分で決めたルールに基づいて行う」という意味が含まれている点です。

この本を読んでいる方の中には「子どもが自分で何かを決めるなんて難しいのではないか」と思う人もいらっしゃると思います。

確かに家庭や学校で「決められたことを決められたようにしていること」が多いのであれば、自主性は育ちにくいでしょう。

しかし、多くの動物たちが独り立ちの方法を親から学んだあと、自分の力で生きていかなくてはならない状況で、おのずと自律していくように、人間にも同様の能力が備わっていると考えるほうが自然ではないでしょうか。

当たり前のことですが、人間も動物です。**子どもが本来持っている「自分で生きる能力」を伸ばすか、伸ばさないかは、生まれたあとの「環境」にかかっている**のです。

この点に立ち返ることが、モンテッソーリ・メソッドを理解するうえで非常に役に立つのです。

モンテッソーリ・メソッドでどんな人が育つのか

◆「子供の家」の子どもたちに共通する特徴

「『子供の家』に通う子どもは、どんな人に育つのでしょうか？」

これは初めてモンテッソーリ・メソッドに触れる保護者の方からよく聞かれる質問のひとつですが、当然ながら一概に「こんな子どもに育ちますよ」とは言えません。子どもがもとから持っている性格や生活環境によって、子どもの育ちはさまざまです。しかし、私が観察して気づいた、子どもたちに共通する特徴がいくつかありますので、ここでご紹介したいと思います。

・多様性を受け入れる
・柔軟な発想ができる
・問題解決能力が育っている
・穏やかで優しい

それぞれについて、詳しく見ていきましょう。

◆多様性を受け入れる

自分が自由でいるためには、当然のように他人の自由を尊重する必要があります。教室では、自分だけが楽しければそれでよしということにはなりません。

そこには自分とは違った個性を持つ友達がたくさんいます。性格も、得意なことや好きなこともみんなバラバラです。慣れないうちは友達同士のぶつかり合いや軋轢《あつれき》がつきものですが、ひとつのコミュニティの中でお互いに教え合ったり、助け合ったりして問題を解決しながら暮らしていくなかで、自然に**「みんな違って当たり前」**という感覚になっていくようです。

私は教室の中で「○○ちゃんって、変なの」という言葉を聞いたことがありません。何かが何かに比べて変だ、おかしいという感覚も環境や経験によって生まれるものだと思いますが、はじめから多様性のある環境で過ごしているとなかなか芽生えにくいものなのかもしれません。これは**クラスが異年齢で構成されている**ことも大きく関わっていると思います。この点についてはあとのページで詳しくご紹介します。

◆柔軟な発想ができる

「子供の家」には子どもたちの年齢に合った教材が用意されていますが、教師が一方的に問題と答えを提示するようなことはしていません。

取り組む課題はすべて子どもたちが決めることが当たり前となっており、その選択は最大限に尊重されます。

仮に、はじめのうちは用意されていた教材にそのまま取り組んだ場合でも、そのうち自分なりに活動を発展させていくようになります。

時には、教師が想定しないような方法で教材を使っている子どももいて、教師側が新たな発見をすることもあります。子どもたちはいつも既成概念にとらわれず、柔軟な発想力で活動を展開していきます。

◆問題解決能力が育っている

活動を通して自分で考える癖がついていることに加え、日常生活でも、何か問題に当たったときに自分で考えるように教師のほうも促します。そのため、**子どもたちは一日中、その場その場で選択し、小さな問題を自分で解決しています。**

例えば、朝はプランターに水をあげることになっているけれど、前日雨が降って土がぬれているから今日はやめておこうとか、自分が使おうと思った教具を他の友達が使用している最中なら、他を探そうといった具合です。

問題にぶつかったときには「こうやってみたらどうだろう？」だめなら「じゃあこれは？」というように諦めず自分なりの解決策を模索していくのです。

また、友達の得意なことをよく知っている子どもだと、その子と協力して問題を解決している姿もよく見られます。

◆穏やかで優しい

自分の活動に満足いくまで取り組んでいる子どもたちは、概して穏やかで（決して物静かということではありません）、他人に優しくなります。ひとりしかできない活動を巡って対立したとしても、譲り合うということができます。

また、人に何かを教えてあげることも大好きです。自分で学んだことを人に教えてあげることは楽しいことです。子どもたちは、お互いに自分の知っていることを教え合い、協力して活動しています。

◆元・子どもたちへのアンケート

ここに挙げたことは「子供の家」に通っている「子どもたち」の特徴ですが、モンテッソーリ・メソッドによる影響はその場限りのものでなく、その後になっても続くようです。

私の勤務する「子供の家」は、常時30人前後の子どもたちが通う小さな園ですが、開園してからすでに44年が経過しています。

今では大学生になった卒園生の保護者の方からはこのような声をいただきました。

「『子供の家』に通っていた時期に自分で決めることに慣れたせいか、娘は今でも意志が強く、これと決めたら最後までやり抜く力がついているようです」

また、開園当時に通った子どもたちはすでに成人しており、自分の子どもを通わせている方もいます。そうした人たちからは**「子どものころはただ楽しいと思って過ごしていましたが、大人になってからその影響の大きさに気がつきました」**という感想をいただきます。

その他の声として卒園生に回答いただいたアンケートを紹介しましょう。

「子供の家」に通っていたころは

・嫌いな活動はなく、どれも楽しかった。気の向くまま、やりたいようにやらせてもらった。気に入った活動を何度も繰り返していても止められることはなく、納得いくまでやらせてもらった。
・集中力がついた。先生に指示された記憶はなく、見守ってもらった。
・全身でさまざまな事象を感じ取り、探求する喜びを感じていた。

卒園後の生き方にどんな影響があったか

・いつも楽天的でいられた。
・歩いていて珍しいものを見つけるとすぐに拾って調べた。
・ものを見ると、種類別に分類したい欲求にかられた。
・学校で苦手な科目はなかったが、特にやりたいと思うことを探求して没頭した。
・小・中学校の理科、社会科の授業の内容は、すでに「子供の家」で学んだことがほとんどだったので、本をたくさん読んで知的好奇心を満たした。

・物事を感覚でとらえ、理解を深められる力がついた。
・困っている人に何かしてあげたい気持ちが強くなった。
・大人や先生に言われたことをそのまま行うのではなく、自分なりに納得してから行うようになった。
・図工の授業で粘土のピエロを作ったが、クラスメイトがみんな同じようなものを作っているのが不思議だった。

これらの感想からは、モンテッソーリ・メソッドで育ったことによって、いかに子ども時代を楽しく過ごせたか、そこから**「自分で自分の生き方を選択する」ことを学べたか**が見えてきます。同時に、日本の学校教育が、個々の子どもの能力を引き出すことに対応できていないといった課題も浮かび上がります。

このように、モンテッソーリ・メソッドに触れている子どもや、「元・子どもたち」の姿を見聞きすると、なぜ、先に挙げた著名人たちが革新的なテクノロジーを生み出したり、自分の信じた道を追求したりできるのか、その理由がなんとなく見えてくるように思います。

彼らは成功に至るまで、やるべきだと信じた自分の道をひたすら突き進んだ人たちです。そこに共通するのは、

「自分の得意分野を突き詰めている」
「枠にとらわれない柔軟な発想力と実行力」
「驚くほどの粘り強さ」

であり、**これらの特徴はモンテッソーリ・メソッドによって育まれたもの**だと言っても過言ではありません。なぜそのようなことが言えるのか、その理由はこの先を読み進めていくうちに理解していただけるはずです。

COLUMN 1

子どもと「不思議」を共有しよう

3歳半～5歳の子どもたちは、世の中のあらゆることがらに疑問を持つ時期に突入します。

「これは何?」「なぜ?」に始まって、だんだんと「雨はどうして降るの?」「空が青いのはどうして?」といったあらゆることへ興味を持ち始めます。もしも子どもからそのような質問をされたら、皆さんならどう答えるでしょうか?

こんなとき、モンテッソーリ教師ならば子どもと一緒になって「ほんとに不思議だね、どうしてだろうね?」と同じ目線に立つことをします。

ついつい「太陽の熱で温められた空気が水蒸気になって……」と答えたくなるかもしれませんが、子どもが求めているのはそんな説明ではありません。それどころか、こちらがなんと説明しようか考えている間に、彼らの興味はもう別なところへ移っていきます。長々と説明するよりも、**今、子どもが「不思議！」と思っている気持ちに共感するだけ**でいいのです。

もしも子どもが同じことをずっと疑問に思っていて、理由を知りたいというのなら、そのときには図鑑を用意して一緒に調べてみてください。

子どもが何かに疑問を持ったときは、大人は子ども自身が納得する答えを見つけられるように手伝うだけです。それによって、子どもが主役として活動が展開されていきます。モンテッソーリ・メソッドで「自主性が育つ」と言われているのはこうした所以《ゆえん》です。

第2章

子どもの才能を伸ばす モンテッソーリ・メソッドとは

イタリア初の女医、マリア・モンテッソーリが発見したこと

◆苦労の末に医師となったモンテッソーリ

モンテッソーリ・メソッドはどのようにして誕生したのでしょうか。この教育法が生まれた背景として、まずは、開発者のマリア・モンテッソーリの生い立ちを紹介しましょう。

マリア・モンテッソーリは１８７０年（明治３年）、イタリアの裕福な家庭に生まれました。同じころ日本では、明治４年に文部省（現在の文部科学省）ができ、その翌年に「どの村の、どの家にも教育を受けていない人がいないように」と定められた「学制」が発布されています。ただし、女子は教育の対象になっていない時代です。

女子の学業に対する状況はモンテッソーリの子ども時代のイタリアでも似たようなものだったようですが、当時としてはたいへん先進的な考えの母のもと、モンテッソーリは大いに学問に励み、努力の末にローマ大学の医学部に進みました。

女子が大学に進学する、ましてや医学部になんて前代未聞の出来事です。地元の有力者であった両親が学校側を説得してようやく入学が許されたとき、モンテッソーリは学問を続けられる喜びに満ちあふれていました。

しかし、これが試練の始まりでした。女子であることを理由に、男子学生と一緒に解剖実習に参加することが許されなかったため、彼女は、男子学生が帰った後の実習室で、いつもひとりきりで夜遅くまで解剖に臨むしかありませんでした。

度重なる苦労に耐えかねた彼女は、ある日ついに別の職業で身を立てることを決意して教室から出て行きました。実はこのときのモンテッソーリはまだ、子どもの教育に関心を寄せていたわけではありませんでした。ですが、このあと、ある親子と運命的な出会いを果たします。

モンテッソーリが帰宅するため公園を歩いていると、そこに物乞いの親子がいました。母親は疲れきっていてうつろな目をしていましたが、そんな母親をよそに、子どものほうは座り込んで小さな色紙で遊びに興じています。

なんの変哲もない紙切れを持って、穏やかに満ち足りた表情で作業に打ち込むその姿を見たモンテッソーリは、雷に打たれたような啓示を得たと言います。彼女はそのままくるりと向きを変え、教室へと戻って行きました。そして、それ以降、大学を辞めたいと思うことはなかったそうです。

その後の1896年、モンテッソーリは苦労の末にイタリアで女性としては初めての医学博士号を取得しました。

とはいえ、医師になってもなお、なかなか就職先が決まらないなど、女性であるがゆえの理不尽な状況は続きました。

そして、ようやく得た仕事はローマ大学付属の精神病院の医師職で、劣悪な環境に置かれた患者たちの治療にあたることでした。

ここで知的障害のある子どもが床に落ちたパンくずを拾い集めることに熱中している様子を見たモンテッソーリは、知的な障害のある子どもも感覚的な刺激を求めることを発見し、衝撃を受けます。

モンテッソーリは、この子どもに、指先を動かして触れることによって感覚的な刺激を得られる玩具を渡し、その後どういうことが起こるのか観察を始めました。

数カ月後、この子どもの知能テストを行ったところ、明らかに知能指数が伸びている結果が得られました。障害のある子どもであっても、感覚を十分に使うことで能力を伸ばせることが立証されたのです。

この成果により、マリア・モンテッソーリの名前はイタリアの医学会で一気に知られるようになりました。

◆「子供の家」とモンテッソーリ・メソッドの誕生

障害児の治療で功績をあげたモンテッソーリは、これを健常児の教育にも適用できると考えて1907年にローマのサン・ロレンツォ地区に初めての「子供の家」（Casa dei bambini）を開きました。

当時のサン・ロレンツォは貧困層が住むスラム街でした。生徒は、ただ生きるためだけに働く両親のもと、なんら教育を受けていない子どもたち、教師は、モンテッソーリ本人と建物の管理人の娘の二人きり、そのような環境下でのスタートでした。はじめは教室の中で暴れ回り、じっとすることができなかった子どもたちも、感覚を刺激する教具に触れ、時間を経るにしたがって、穏やかで落ち着きのある様子に変貌していきました。

ここでも大きな成果をあげたモンテッソーリは、ローマ大学に再入学し、哲学、生理学、精神医学の研究に没頭し、モンテッソーリ・メソッドを確立させていきます。その後、モンテッソーリ・メソッドの評判はイタリア国内にとどまらず、ヨーロッパ全土やアメリカへと広まっていきました。

モンテッソーリ・メソッドが各地の学校で取り入れられるようになったころには教

師養成コースが開講され、モンテッソーリ自身が講師となって各地を飛び回るようになりました。

マリア・モンテッソーリは医師であり、子どもの観察を通して、身体だけでなく内面の成長をも研究した人物です。

彼女の子どもへの対応は**医学的な視点に基づいており、仮説を立て、その結果を常に子どもたちの活動の様子を観察することに求めました。**

同時に、モンテッソーリは女性の社会進出の先駆け的存在であり、平和主義者でもありました。世界大戦を経験した彼女は平和への鍵は子どもたちにあると考え、戦争を克服する唯一の方法としてモンテッソーリ・メソッドを広めていきました。

モンテッソーリ・メソッドには、彼女の平和への願いも込められているのです。

今だからこそ必要な「自分で考える力」

◆「革新的」で「普遍的」な子どもへの関わり方

マリア・モンテッソーリが開発したモンテッソーリ・メソッドは100年以上前のものです。これを読んでいる方の中には**「100年前の方法でほんとうに大丈夫？」**と思われる人もいらっしゃるかもしれません。確かに、文化や社会のありようはこの100年でずいぶん変わりました。

しかし、人間という動物の発達過程は100年程度ではそれほど大きく変化するものではないでしょう。医師であったモンテッソーリは、科学的視点で子どもの発達段階に着目しました。**今、目の前の子どもがどんな発達段階にあって、どんな関わりを**

必要としているのか、そのことに注力して個別の対応をしていくことを考えたのです。

子どもを個別に見れば当然それぞれが異なる存在です。**ひとつの教育法を全員にあてはめるのではなく、子どもによってやり方を変えていく**のは、非常に理にかなった考え方と言えるでしょう。**モンテッソーリ・メソッドが従来の一斉教育と大きく違っている点は、そのアプローチ方法にある**のです。

モンテッソーリは「あることを学ぶのが容易であるか難しいかは子どもの年齢によるのではなく、個人の可能性との関係のなかでのみ定義づけられる」と語っています。モンテッソーリ・メソッドでは子どもをよく観察して、その子にとって、今、必要なサポートを見極めるように教師たちに推奨しています。これは、現代にも通用する普遍的な考え方ではないでしょうか。

一方、モンテッソーリ・メソッドは100年前に考案された時点では、かなり先進的な教育法だったはずです。

当時のヨーロッパでは「子どもは未熟で、大人の庇護《ひご》のもとに暮らすべき頼りない存在」といった子ども観が一般的でした。大人が働く日中の間に子どもが過ごすのは、主に保育のみを目的とした託児施設であり、教育はまだそれほど重要視されてはいませんでした。そのようななかで子どもの能力を伸ばすという点で効果をあげたモンテッソーリ・メソッドは革新的で、センセーショナルなものであったことでしょう。

新しいものが人々に受け入れられるには時間がかかります。モンテッソーリ・メソッドもまた、効果は立証されていても、はじめは批判されることが多く、好意的にとらえられるまでにはある程度の時間を要しました。

◆モンテッソーリ・メソッドと日本の教育制度

モンテッソーリ・メソッドの成功の噂は明治時代の日本にも届いています。１９１１年（明治44年）当時の新聞記事を見ると、日本の小学教育は学制の発布以来、数十年も改善されておらず、欧州の教育の大いなる進歩に比べれば明らかに退化していると書かれています。

モンテッソーリ・メソッドを日本に取り入れようとしても、なかなか広まらないのは、「日本古来の子弟教育をよしとする風潮が国民に根強いから」とあります。

この時点で「数十年も改善されておらず」とありますが、100年後の現在の日本はどうでしょうか。教育制度に大きな改善がもたらされていないという点では、根本的に変わっていない、と感じる方は少なくないはずです。

その間に世の中は大きく変わりました。日本古来の子弟教育のすべてを否定するつもりはありませんが、それだけでは、**明らかに現代の世の中を生きていくスキルとしては不足がある**でしょう。

よい大学を出て、よい職に就き、マイホームを建てるといった画一的な人生が成功モデルとされていた時代は過ぎ、今やライフスタイルは多様化しています。前例のないことにチャレンジして、起業する人も多数登場してきています。「決まった道」を選ぶ必要がまったくない時代だと言ってよいでしょう。

◆データから見えてくる「日本の現実」

ここで「100年後の現在の日本」を客観的に知るうえで参考になるデータをいくつかご紹介しましょう。

まずは2016年にIMFが発表した世界のGDP（国内総生産）ランキングです。日本は、1位の米国、2位の中国に続き、第3位につけています。ただし、USドルベースの金額を比較すると2位と3位とでは倍以上の差があります。

次は、ダボス会議で有名な世界経済フォーラム（WEF）が毎年発表している国際競争力ランキングです。2017—18版によれば米国は第2位（前年順位3位）、中国は27位（前年順位28位）、日本は9位（前年順位8位）という結果です。ただし、ここ数年の順位変遷を見ると、日本は2014年の6位以降じわじわと順位を下げています。

これからの成長分野と見られる産業が育っているかという視点で、もうひとつご紹介しましょう。米調査会社CBインサイツが2017年に発表した、企業価値10億ドル以上の非上場のベンチャー「ユニコーン」企業のランキングです。

同社によるとユニコーン企業は2017年12月時点で世界に226社存在しており、企業価値の総額は7830億ドル（約94兆円）に達しています。226社のうち、日本の企業がどのくらいあるかというと、わずか1社で企業価値は10億ドル（全体の0.001%）に過ぎません。対して中国は61社、2699億ドル（全体の34%）、米国は112社、3750億ドル（全体の47%）です。上位10社は米中が独占しており、特に中国はインターネット関連、スマートフォン関連でのスタートアップの躍進が目覚ましい様子です。

ユニコーン企業のランキングを見る限り、日本は有望なベンチャーを育てるという点で明らかに米中に遅れをとっていると言えるでしょう。もしもこういった新しい産業を本気で育てようとするのなら、短期的にどうこうしようとしても無意味です。

長期的視点に立ち、10年、20年先の人材の育成、まずは教育のしくみから変えていく必要があります。

もちろん、教育とは、国の競争力を上昇させるためだけにあるものではありません。しかし、子どもたち個人の幸福を考えるうえでも、教育が重要であることは間違いないでしょう。とはいえ、**日本は世界的に見てもがっかりするくらい教育にお金をかけていない**国のようです。

ユネスコ調べの国別の公的教育費のＧＤＰ（国内総生産）比率のデータによれば、日本の教育への投資はＧＤＰ比率で３・59％、世界ランク１０２位という状況です。

なお、ランキングの上位には北欧圏の国々が多数登場しているほか、馴染《なじ》みのあるところで言えば33位 イギリス（5・68％）、40位 フランス（5・49％）、45位 米国（5・38％）、58位 韓国（5・05％）、65位 ドイツ（4・95％）、95位 インド（3・84％）となっています（中国は情報非公開）。

◆イノベーションの「原動力」とは

ここまで見てきたデータから読み取れることをまとめると、**「日本は現時点でGDPベース世界第3位の国でありながら、GDPに占める教育費の割合は先進国の中で最下位レベルであり、新しい産業の育成にも遅れをとっていることも一因として、世界的競争力の面で近年衰えつつある」**ことになります。

この現状を踏まえるならば、今、必要なことは教育の内容を変革すること、それに必要な予算を配分することではないでしょうか。

具体的には、画一的な教育プログラムから脱却し、**個別の特性や生き方にあった教育の選択肢を提供すること**です。

特定の分野に優れた子どもなら、早いうちから専門的な学習をしてもいいでしょうし、スポーツに打ち込んでいる子どもなら、学校以外の課外活動に比重を置いた学生生活があってもいいと思います。みんな横並びで同じ学習をするよりも、それぞれの才能を伸ばせるやり方を選択できることが大切ではないでしょうか。

自分で選ぶということは、それだけの責任を自分でとるということです。適切なリスクをとれるということは、自立した人間になるということです。

世界を変えるようなイノベーションは、突然生まれるわけではありません。自分でやりたいことを追求し、研究したいと思うとき、それを仕事にして自分の道を切り開いていこうと決意するときから生まれるはずです。そして、このときに助けになるのは、自分の精神がどれだけ自立、自律しているかです。

教えられたことをそのまま実行できるというだけでは不十分です。学んだことを自分の中に取り込んで、それを状況に合わせた形へと応用してアウトプットできるか。そこに実行力が伴っているか。そうしたことがイノベーションの原動力となります。

「自律した精神」「やりたいことの発見と追求」「柔軟な発想力と実行力」「粘り強さ」これらを育むモンテッソーリ・メソッドがより必要とされる時代が訪れているのです。

◆モンテッソーリ・メソッド三つの基本

それでは、ここからモンテッソーリ・メソッドの具体的な内容をご紹介します。
このメソッドの特徴は、大きく三つに分類されます。

①子どもの自主性を最大限にサポートする
②生き方の基礎となる体験を提供する
③「敏感期」にもとづいた関わりをする

①から順に見ていきましょう。

モンテッソーリ・メソッドの基本①

子どもの自主性を最大限にサポートする

◆大人は「環境を整えること」に注力する

モンテッソーリ・メソッドの基本は、子どもが自分自身を成長させようとするとき、大人がそれを最大限サポートすることです。

それは大人が子どものかわりにやってあげることとは違います。あくまでも子どもが自分でできるように**「環境を整える」**ことが重要です。

具体的に、どのようなことが子どものサポートになるかと言うと、ひとつは、例えば子どもが使いやすいサイズの机や椅子、ハサミやのりといった、**子どもが今必要としている道具を用意すること**です。

次に、子どもが今ちょうどやりたいと思っている活動のための材料、例えばハサミを使い始めた子なら、好きに切っていい紙をその子の手にちょうど収まるようなサイズにそろえておき、**子どもが望むときにすぐに使える場所に置いておくこと**です。

あるいは、子どもがもう少しでできそうな何かに取り組んでいるとき、手を出さずに見守ってあげることです。子どもの挑戦が限界を迎えたときには、**ちょうどいいころ合いを見計らって「お手伝いしようか？」と声をかけること**です。

もちろん、その「お手伝い」とは、教師がさっさとやってあげることではなく、相手が2～3歳であれば、子どもの手を取って一緒に行うことを意味します。

子どもが手の動かし方をじっくり見られるよう、ゆっくりやってみせるのです。そうしている間の子どもの目の真剣さと集中力にはいつも驚かされます。

そんなにタイミングよくサポートできるものなのか、疑問に思われる方もいるでしょう。モンテッソーリ教師は後頭部にも目がついているから大丈夫、と言いたいところですが、さすがにそんなわけにはいきません。

教師がひとりの子どもにつきっきりになるわけにはいきませんし、子どももそんなことを求めているわけではありません。

活動に没頭したい子どもは、時に近くにいる教師に「あっちへ行っていて」と言ったり、手伝おうと出した手を振り払ったりすることもあります。自分でやりたいから手を出さないでほしい、という自立心の現れです。ですから、**ちょうどよい距離感**というものが必要です。

◆助けが必要なとき、しっかり関わる

活動中の子どもはできる限り自分でやろうと努力しますが、どうしても助けが必要なときには教師に声をかけてきます。教師はなるべく早く子どもの声に応えようとしますが、あいにく他の子どもの手伝いをしている場合があります。

そんなとき、教師は「これが終わったらあなたのところへ行くからそれまで自分で

やっていてね」と話を聞く順番を明確に伝えて、自分で試行錯誤を続けながら、待つように促します。しかし次に待っている子どもがいるからといって、今向き合っている子どもをおろそかにはしません。**どの子にもまんべんなくではなく、助けが必要な子にしっかり時間をかける**のです。そのため、次の子どもが長く待つこともあります。

少しかわいそうなことをしているようですが、長く待った子どもは次の機会に優先してあげればよいことです。また、教師が来るまでの間、ただ待っているのではなく、試行錯誤を続けて自分で解決してしまうことも少なくありません。

兄弟のいないひとりっ子など、家では必要なときにお母さんが来てくれるという経験をしている子どもは、はじめのうち「待つ」という行為に慣れていません。

しかし、教師が必要なときにしっかり関わることで、だんだんと「待つ」ことを覚えていきます。

「教育する」という発想を見直そう

◆「最高の教育」の目的は？

親ならば、誰しもわが子に幸せになってほしいと願うものです。もしかしたら、そのためには「最高の教育」が必要だと考えるかもしれません。

もちろん、その考え方は間違っていないと思いますが、「最高の教育」の目的が単に親の夢や希望を叶えるためや、一流の大学や就職先への近道と考えているのであれば、一度冷静になってみる必要があるでしょう。

まだ何も知らない子どもには「教育」すべきことがたくさんあるかもしれません。

しかし、それを受け入れるかどうかは子ども側に決める権利があります。

親がよかれと思って教えたことでも、子どもが「つまらない」と思えば何も吸収されずに終わってしまいます。子どものためと思ってせっかく高いお金を出していくつも習い事をさせたのに、子どもがそこから何も学んでいないとしたら、親としてこれほど残念なことはありません。

ここで、少しだけ自分の子どものころのことを思い出してみてください。お父さんやお母さんに「やりなさい」と言われた勉強に楽しく取り組めたでしょうか？　それよりもむしろ、**自分が楽しいと思ってしたことのほうが、身についた**のではないでしょうか？

親の心子知らず、と言いますが、逆もまた真なりです。

子どもの気持ちを置き去りにして何かを「教育」しようとするのは、親のエゴです。よかれと思って選んだ「教育」が、単に親の思いやりの押し付けになってしまっては、お互いが不幸になるだけです。

モンテッソーリ・メソッドの大前提は、「学びの主体はあくまで子どもである」ことです。お母さんがいくら一生懸命になったとしても、子どもの希望とかみ合っていなければやる気には直結しません。

子どもが心から何かをやりたいと思い、自分の手や体を動かした体験を通して得たもの、これこそが子どもにとっての本物の学びです。ですから、子どもが自分から夢中になれる何かを見つけたときに、大人はそれを応援し、サポートする側にまわるべきなのです。

そうすれば、**子どもはほんとうに一生懸命に、自分の持てる力を総動員してチャレンジするようになります。**

◆子どもを「観察すること」から始めよう

「うちの子が自分から何かをやりたいと言い出すなんて、ありえません」

そうおっしゃる方がいるとしたら、一度立ち止まって、子どもをしっかり観察できているか、彼・彼女の気持ちによりそっているか考えてみましょう。

子どもがこれをやりたいと言い出す前に、「こんな子になってほしい」「他の子はこんなふうにできるのに」と親の希望ばかりを伝えていないでしょうか。空いている時間に習い事ばかり詰め込んではいないでしょうか。ひょっとしたら、子どもは「お母さんが好きではなさそうなこと」をやりたいと思っても、あえて言わないでいるだけか、あるいはそもそも好きなことを探す暇がないほど忙しいだけかもしれません。

ですから、まずは子どもを**「教育」しようという発想をいったん脇に置いて、わが子をよく観察して、その気持ちによりそうところから始めてみましょう。**

子どもの自主性を最大限サポートする

- 子どもを観察する
- 子どもの気持ちによりそう
- 学びの主体はあくまで「子ども」で大人はサポートする側にまわる

子どもの自主性を最大限サポートする

「努力」は「好き」にはかなわない

◆藤井聡太棋士を育んだ「親の関わり方」

将棋の藤井聡太棋士が幼児期にモンテッソーリ教育を受けていたことを伝える記事によると、彼のお母さんは息子が小さいころから並外れた集中力を持っていたことに気がついており、その力を何かに生かせないか思案したそうです。そして、お父さんと話し合って「**子どもが何かに集中しているときには極力邪魔をしない**ようにしよう」と決めたと書かれていました。

藤井棋士が将棋を始めたのは5歳のころ、隣に住んでいた祖母から駒の動かし方が書いてある「スタディ将棋」をもらったことがきっかけでした。

みるみるうちに将棋に引き込まれていくわが子の姿を見て、お母さんはすぐに駒を買い、ほどなく本人の強い希望で近所の将棋教室に通い始めました。詰め将棋の問題を頭が割れそうになるほど考えたこともあったこのころ、まだ文字を書くことができなかった息子にかわって、お母さんが解答をノートに書いてあげていたそうです。

記事には、彼が強烈な負けず嫌いであることも書かれていました。試合に負けて大泣きすることもしょっちゅうでしたが、お母さんは**何も言わずにただ見守っていた**といいます。

寝る時間以外はほとんどリビングで過ごし、パソコンやスマートフォンで対局する毎日。今日の彼の成功は、幼いころからの突出した集中力と闘争心によるものではありますが、親のサポートの仕方も大きく関係しているようです。

ここでちょっと考えてみていただきたいのですが、もしもあなたの子どもが昼間から部屋の中でパソコンばかり見ていたらどうでしょう？　つい「ちょっとは外にでも出て運動しなさい」と言いたくなりませんか？

このときの対応で、親が日ごろ子どもをよく見ているかどうかが試されていると言っていいでしょう。

単にくだらない（ように見える）番組のネット配信を見ているだけと受け取ってしまったら、今の藤井棋士は生まれなかったかもしれません。しかし、彼の家族は**わが子の興味やほんとうに好きなことに集中していることをよく観察してわかっていた**のでしょう。もちろん、健康を害さないように何らかのルールは決めていたかもしれませんが、彼が集中して将棋に取り組んでいて、それが本人にとってとても重要であることをきちんと理解していたのだろうと思います。

私が勤務する「子供の家」でも、好きなことに集中しているときの子どもたちの目はほんとうにキラキラと輝いています。それこそ、ついさっきまでの子と同じ子どもなのかと思うくらいの変わりようです。

私たちは、自分が好きで、やりたいと思うことにはものすごい力を発揮できます。夢中になれば、それこそ一晩くらい寝ないで作業を続けることだってできるでしょう。好きというのはそれぐらい強いものです。

苦手なことを克服するために努力をするのも、素晴らしいことです。しかし、いかんせん**苦手なものに向けた「努力」は「好き」のパワーにはかないません。**

だからこそ、人生の早いうちに好きなことに出会えたなら、それはとてもラッキーなことです。「子供の家」では、子どもたちがたくさん「好き」を見つけて、それにじっくり取り組める時間を保証することを目指しています。

子どもの自主性を最大限サポートする

・子どもの「好き」に気づいてあげる
・集中しているときには邪魔をしない

子どもの自主性を最大限サポートする

ありのままを受け入れる

◆凸凹ができるのは「当たり前」

子どもは、生まれながらに自発的に育つあらゆる可能性を持った種《たね》ですが、どんなふうに根を伸ばすのか、どんな花をつけるのかは、その子どもによって異なります。

モンテッソーリ・メソッドでは、子どもたちはどの子もそれぞれに違った気質・個性・興味・得意や不得意などを持った固有の存在であることを当然のものとしてとらえて、その子なりの成長をありのままに受け入れています。

仮に**その子の興味が、ある時期でほかの子と大きく違っていたからと言って、特別に矯正をするようなことはしません。**子どもが育つ過程では凸凹ができるのは当たり前で、むしろどの分野においても同じ程度に育っていくのはごく稀なことだからです。

大人がここで先読みしてこの子の成長にはあれが足りない、これが足りないと足りないもの探しをすることほど意味のないことはありません。そんなに先の心配をするより、子どもが今興味を持っていることに共感して一緒に楽しむことのほうが将来にとってプラスになります。

ありのままの自分を受け入れてもらった子どもは、心のよりどころを得て安定した心持ちで毎日を過ごすことができます。

そういう子どもならば、大人の顔色を気にすることなく、自分の意志で新しい活動にどんどんチャレンジしていけるものです。

今は凸凹で発展途上の状態でも、そんな自分を堂々とさらけ出して、葛藤しながらも困難を克服していけることでしょう。

一方、大人が過度なプレッシャーをかけたり、期待を押しつけたりすれば、子どもは素直に自分をさらけ出すことができません。
大人の期待にそえない自分を防御するために、できない理由を両親や友達など自分以外の環境のせいにすることもあれば、失敗を恐れるあまり、チャレンジそのものにひどく臆病になってしまうこともあります。

子どもが全力でチャレンジできるようになるには、**親が彼・彼女をまるごと肯定してあげることが一番**です。そして、子どもが興味を持っていることを一緒に探求できれば理想的です。

例えば、電車に興味を持っているなら、一緒に電車を見に行ったり、駅の名前を覚えたりして子どもと楽しみを共有すること。料理に興味があるなら、一緒にフルーツを切り、お菓子を作ってみる。教師の立場であれば、子どもの好きな動物や昆虫をモチーフにしたオリジナルの教材を用意してあげるなどして、その子が自然に活動の幅を広げられるように環境を工夫したいものです。

それによって、子どもはいつしか**大人と一緒に行った活動をスタート地点に、自分自身の発想で活動を展開し始める**のです。

子どもの自主性を最大限サポートする

・人と比べない
・否定から入らずに子どもをまるごと肯定しよう
・子どもが興味を持っていることを一緒に探求する

モンテッソーリ・メソッドの基本②

生き方の基礎となる体験を提供する

◆モンテッソーリ教具が提供する「体験」とは

モンテッソーリ・メソッドの二つ目の特徴は、「生き方の基礎となる体験を提供すること」にあります。

「モンテッソーリ子供の家」では決まった勉強を教えるわけではありません。部屋にあるさまざまな教具に触れ、自分で活動することによって、人生で必要となる能力を伸ばしていきます。

教具とは、モンテッソーリ・メソッドの考え方にそって作られた**「モンテッソーリ教具」**の他、ハサミやのりなど一般的な生活用具、教師が紙や木などを使って手作りした教材も含まれます。

教具は、「日常生活の練習」「感覚」「数」「言語」「文化」の五つの領域で用意されています。

例えば、「日常生活の練習」では、教具を通して、**日々生活するために必要な身のこなし方や道具の使い方、社会との関わり方**を学び、「感覚」の分野では自らの**視覚や触覚、聴覚、味覚、嗅覚などを研ぎ澄まして**いきます。また、「言語」の活動で**日本語の基礎**を学び、「数」の活動からは**抽象的なものへの理解と論理思考**を体得していきます。最後に「文化」の活動を通して**身の回りの環境や日本、世界の文化的な事柄**に親しみます。

こうした教具を通した活動によって獲得するのは、**その後の人生の基礎となる力**であり、子どもが望めばいくらでも応用をきかすことができる力です。五つの領域と、代表的な教具については、第4章で詳しく紹介します。

生き方の基礎となる体験を提供する

失敗と学びを経験し、諦めない強い心を育む

◆失敗は「自分で問題を解決する」トレーニング

「子供の家」の教師は、活動中の**子どもの誤りに気がついても、努めてそれを直接的に訂正しないように**していま す。モンテッソーリ教具には教具そのものに誤りを訂正する機能が備わっており、**子ども自身がそれに気がつくことが重要**だからです。

例えばパズルを組み立てようとするとき、ピースを誤った場所に無理に入れようとすれば、本来のピースが入る場所がなくなって完成に至りません。モンテッソーリ教具にもそれと同様の機能があり、教師が指摘しなくても子ども自身が誤りに気づけるようにできています。

自分で誤りに気がついた子どもは、どこが違ったのか見つけるために後戻りをして、どうすれば成功するか自分で考えます。それは、自分の頭を使って問題を解決するためのトレーニングです。

大人は子どもの先回りをして失敗を回避させるようなことをしてはいけません。子どもが失敗を経験することには、大事な意味があるからです。

「失敗は成功のもと」という言葉があるとおり、失敗は悪いことではありません。子どもは自分で失敗する体験をして、そこから学んでいくからです。

日常の活動の中で、子どもが失敗する機会はたくさんあります。そんなときには責めるのではなく、どうしたらいいのかをその都度子どもと考えるようにします。

バケツを運んでいる子どもが床に水をこぼしたときには、いつも同じ場所に用意されている雑巾を自分で取りにいくように教えます。きれいに拭いたら、雑巾を洗っていつもの場所に干しにいけばいいのです。この子は、次に水をこぼしたときには慌てずにさっと雑巾を取りにいけるでしょうし、そもそもこぼさないようにもっと注意を払うでしょう。

ビジネスの世界では、ベンチャー成功の秘訣として「フェイルファスト」(fail fast)という言葉があります。直訳すれば「誰よりも早く失敗しなさい」という意味ですが、新しいことをなしとげようとすれば、そこには失敗がつきものです。しかし、失敗しないようにと考えすぎれば、成功の目をつぶしてしまいます。

「フェイルファスト」の大事なところは、**失敗を恐れず、まずやってみて、出てきた問題や失敗を糧《かて》に完成を目指す態度、諦めて、投げ出さない粘り強さ**です。

子どものうちからたくさんの失敗にあたり自分で解決方法を考える習慣は、諦めない強い精神を育むのです。

生き方の基礎となる体験を提供する

- 失敗を経験するまで待つ
- どうしたらいいかを一緒に考える

生き方の基礎となる体験を提供する

とにかく「たくさん」手を使う

◆幼少期の最高の「下準備」

モンテッソーリ・メソッドの前提は子どもが主体的に学ぶことだと説明しましたが、そのためには「下準備」が必要です。例えばアスリートが試合に出るためには筋肉を鍛えて増強したり、イメージしたとおりに自分の体を動かすためのトレーニングを行ったり、さまざまな点で事前の準備が欠かせません。

子どもが育つ過程もこれとよく似ていますが、アスリートと違うところは、子どもは自分に必要な準備を意識的に行ったり、選んだりすることができないという点です。

ここで周りの大人たちの出番です。アスリートのマネージャーになった気持ちで、子どもをサポートする必要があります。

では、幼少期の「下準備」として大人がしてあげられることとは、何でしょうか。

それは**小さなうちから子どもが「毎日」「できるかぎり」「たくさん」手を使うように習慣づけてあげること**です。

こんな単純なことを、ここまで強調するのには理由があります。

子どもが自分でドアを開けようとするとき、はじめに必要なのは「目で見たノブを手でつかむ」という目と手の供応です。手全体でノブを握ったら、次はその手を右に回転させて、最後に手前に引きます。このように分析するとわかるとおり、ドアを開けるという一連の動作にはかなり複雑な手の動きを要します。この動きを完成させるための下準備として必要なのは、たくさん手を使うことです。普段ほとんど手を使わずにいる子どもが、突然ドアを開けるようにならないからです。

私たちが日々の生活の中で、どれだけ手を使っているか想像してみてください。朝起きたら、顔を洗って、服を着替えて、食事を作って、食べて……常に手を使っていることがわかります。

朝の支度だけではありません。私たちは何かを考えるとき、思考するときも手を使います。書くことで学んだり、考えを整理したり、記録したりもします。

手を使うことはすべての始まりです。**子どもは、自分でできることが増えるにしたがって精神的にも自立していきます。**自分から「何かをしたい」という思いを実現するのも手によってです。だから、手をたくさん使って動きを洗練させることが、とても大切なのです。

モンテッソーリ・メソッドでは、子どもがあらゆる動作を自由に行うための準備運動となる活動が用意されています。それは「モンテッソーリ教具」と呼ばれる教材を使って行うこともあれば、子どもサイズの椅子や机、洗面台の蛇口といった生活の道具を使うこともあります。

そして、これらの活動は筋肉の運動という肉体的な側面にとどまらず、子どもの内面を育てることにもつながっています。

ぜひ、家庭でもたくさん手を使うことを習慣にしていきましょう。普段の生活の中で、何でも親がやってあげるのではなく、子どもができることは積極的にさせてあげましょう。

たくさんの準備運動を積んだ子どもたちはいつしか基礎的な領域を飛び出して、自分がしたいと思うことを、自分だけのやり方で発展させていくことができるようになります。それは近い将来、自分の頭で考えて、自分の人生を切り開いていくことにつながっていくのです。

生き方の基礎となる体験を提供する

・たくさん手を使うことを習慣づけよう

モンテッソーリ・メソッドの基本③

「敏感期」にもとづいた関わりをする

◆ある「特定の機能」を成長させる「特別な感受性」を持つ時期

モンテッソーリ・メソッドの三つ目の特徴は、「敏感期にもとづいた関わりをすること」です。

「敏感期」は、もともと生物学の用語です。生物には成長の過程で「ある特定の機能」を成長させるために「特別な感受性」を持つ時期があります。

例えば、蝶の幼虫は卵から誕生してすぐ、木の枝の先まで移動して柔らかい葉にありつくことができます。

誰に教えられたわけでもないのになぜそんなことができるかと言うと、生まれたばかりの幼虫には光に対する特別な感受性があるからだと言われています。しかし、固い葉を食べるまでに成長するころには、その感受性は自然に失われていきます。

この特別な感受性を持つ時期が「敏感期」です。生物は**「敏感期」の働きによって本能的にさまざまな刺激に触れ、自らを成長させるようになっている**のです。

◆赤ちゃんは敏感期によって「無意識に学習する」

哺乳類の動物の多くは生まれてすぐに自分の足で立ち上がり、自分で母親の乳首を探してミルクを飲むことができます。

外敵の多い環境に住む動物の場合は、生まれたばかりの赤ん坊であっても自分で逃げることができなければ生き延びていくことはできないからです。

それに対して、人間の赤ちゃんは高等動物でありながら、なんとも頼りない状態で生まれてきます。

自分で食べることはおろか立つことすらできないのですから、放っておけば死んでしまいます。

なぜ人間がそのように未熟な状態で生まれてくるのかと言えば、生まれた場所の生活環境から学び、柔軟に適応していくためだと言われています。

生まれて間もない赤ちゃんにはまだ意識的に何かをする能力はありませんが、本能的に環境から学習していくプログラムが備わっています。

赤ちゃんが自分で考えて意識的に行動をし始めるより先に、時期が来れば自動的にプログラムが発動して、自然のうちに学びへと導くようになっているのですから、すごいことだと思いませんか。これが「敏感期」の作用です。

他の生物にあるものなら、人間にも敏感期があるに違いないと考えたのが、モンテッソーリです。

彼女は膨大な時間をかけて子どもたちを観察していく中から、多くの敏感期がそこにあることを発見しました。

敏感期とは、内面で起こった刺激への衝動が表面上の行動として表れてくるものなので、「今が敏感期である」とはっきり目に見えるものではありません。

しかし、敏感期のしくみを知ったうえで子どもの行動をよく見ていると、「あれ？もしかして？」と思い当たることがあるでしょう。

小さな子どもが同じ遊びを飽きることもなく延々と繰り返す姿や、好きなおもちゃをひたすら一列に並べることに熱中している様子を見て、私自身、かつては、子どもの感性というのは不思議なものだなと思っていました。今なら、なるほどあれは敏感期のなせるわざだったのだなと合点がいきます。

◆現れては消えていく、いくつもの敏感期

子どもが成長する過程ではいくつもの敏感期が現れては消えていきます。

このことは「言葉」の敏感期を例にとるとわかりやすいでしょう。小さな子どもは

どんなに複雑な言語でも習得できるということは皆さんよくご存じだと思います。

この時期、日常的に外国語に触れる生活をしていると、まるでスポンジが水を吸いこんでいくようにどんどん言葉を吸収していきます。

そして、日本人の子どもであっても、まるでネイティブが話すような発音と流ちょうさでその外国語を話せるようになります。これができるのは、敏感期の子どもに言葉に対する特別な感受性が備わっているからです。

しかし敏感期が過ぎてしまえば、同じようには言葉を学習することができなくなります。これも私たちが身をもって経験していることでしょう。

敏感期というものはいつまでも続くものではありません。成長段階の一時期にある能力を十分に育み、次のことへ注意を向けていくタイミングがきたとき、自然に消えてしまうものです。子どもはこうしてさまざまな敏感期を経て、ごく短い時期に驚くべきスピードで多様な能力を育てていきます。

0歳から6歳までの乳児期・幼児期の間には、実に多くの敏感期が現れ、消えていきます。

そのため、しばしば、子どもが6歳を過ぎてしまってから、モンテッソーリ・メソッドに出会った方は、わが子をこのメソッドで育てる機会を逃してしまったと考えるようです。

確かに、敏感期は6歳までに集中していますが、**モンテッソーリ・メソッドの基本的な考え方はそれ以降の子どもたちにも有効なもの**です。

またこのメソッドそのものは、6歳で終わるものではありません。日本では取り入れている学校が少ないものの、**7歳以降（24歳まで）を対象にしたプログラムが存在しています。**この点については、最終章で触れます。

◆子どもの行動には「理由」がある

「なんでそんなことにこだわるの？」

「同じことを延々続けて飽きないの？」

「危ないことばかりしないで！」

「意味のわからない駄々をこねるんだから」

敏感期の働きにしたがっている子どもの行動は、なかなか大人には理解しがたいものです。大人にとっては「この子は違う星からやってきたのかしら」と思うようなこともあるかもしれません。しかし、子どものその行動には必ず意味があります。

大人に敏感期の知識があれば、子どもの動作やふとしたしぐさに「もしや、これは……」と気づくことができます。

それだけで子どもの見方が変わりますし、見守る余裕も生まれてきます。大事な幼児期、些細なことに一喜一憂することなく、落ち着いた心持ちで子どもの成長を楽しみたいものです。

それでは、ここから代表的な四つの敏感期、

・【秩序の敏感期】2〜3歳ごろ
・【感覚の敏感期】3〜6歳ごろ
・【運動の敏感期】4歳半ごろまで
・【言語の敏感期】6歳ごろまで

についてご紹介していきましょう。

秩序の敏感期

2～3歳ごろ

イヤイヤ期を理解するキーワード「秩序感」

◆見知らぬ異国にポツンとひとりきり

この年齢の子どもは「魔の2歳」や「イヤイヤ期」などと呼ばれることもあるほど、親にも理解しがたいこだわりを持つ時期です。しかし、環境に適応していく過程にある子どもの内面では、とても重大なことが起こっています。

小さな子どもは、大人のように周りの環境に対する知識がありません。目に映るもののすべてが、知らないことばかりです。

このときの子どもがどんな状況におかれているのか理解したければ、今まで一度も行ったことのない国に突然ひとりで放り出された状況を想像してみましょう。

あなたは地図を持っていませんから、自分のいる場所がどこなのかわかりません。時計もありませんから、時間もわかりません。買い物をしようにも、お金の単位がわかりません。見知らぬ人が何か言っていますが、言葉がわかりません。どうでしょうか？　大人の私でも、この状況はかなり不安です。

それでもここで生きていかなければならないとしたら、必死に周りを観察して、適応していこうとするでしょう。地図がないのなら、周辺を探索して目印になる建物を見つけて、自分の位置を把握しようとするはずです。

2～3歳の子どもはこのようにして毎日を過ごしています。もちろん、大人がそばにいるという点で、こうした状況とは異なりますが、それでも身の回りに「わからないこと」がたくさんあるというのは不安なことです。

子どもは、推理小説の主人公が事件の手がかりを探すように、身の回りの物事の一つひとつに整理をつけて、わかった順から秩序立てていきます。

私の家にいるのはお父さんとお母さん、そしてお姉ちゃん。この部屋のこの場所にはお父さんの椅子があって、こっちにお母さんの椅子がある。お姉ちゃんの椅子はこれで、私のはこれ……という具合です。言葉に出ることはなくても、子どもの内面ではいつもこのような作業が行われています。

ここで想像してみてください。これほど大変な苦労をしてようやく慣れ親しんだ環境なのに、そうと知らない誰かにふいに椅子の位置を動かされてしまったら。子どもが癇癪《かんしゃく》を起こす気持ちもわからないではない――そう思いませんか。

この時期の子どもは、物事を行う順番ややり方がいつもと違うと烈火のごとく怒ったり、いつもの場所に決まったものがないと不安になったり、物をきっちり同じ方向にそろえたがったりします。

自分の持ち物だけでなく、ママがいつもと違うジャケットを着ていたりするのが気に入らない場合もあります。

どれもこれも大人にとっては「なぜそんなことが気になるのか」と思うような些細なことばかりですが、子どもにとっては大問題なのです。

子どもが安心するのは、いつも同じ結果になるとわかっている遊びや、いつもと同じ道を通って学校に通うことや、同じ手順で出かける準備をすることです。

子どものこだわりにすべてつきあっている時間はない、というのが正直なところかもしれませんが、この時期の子どもの特性として理解しておくと、わが子と気持ちがすれ違ったり、こちらがイライラしたりすることが減るかもしれません。

秩序の敏感期の期間はそれほど長くありません。せいぜい1年、長くても1年半くらい。**この時期に内面の秩序感がしっかり育てば、精神的にとても落ち着いた子どもになる**のです。

◆ハンガーをぜんぶ出して、しまう理由

秩序感を育てている子どもには特有のこだわりがあります。大人にとってはやっか

いなこともありますが、逆にこの特性にあった活動を提供することもできます。

先日、うちの園に見学に来た子どもの話です。２歳になったばかりの男の子で、はじめのうちはなかなかお母さんのそばから離れようとしませんでした。お母さんと一緒に座って園長の説明をしばらく聴いていたところ、オムツが濡れてしまったので、お母さんがトイレに連れていきました。

お母さんはオムツを換えるとすぐに席に戻ってきましたが、なぜだか男の子だけが戻ってきません。様子を見に行ってみると、トイレの前にあるコート掛けの前にしゃがみこんで、カゴからハンガーを引っぱり出しているところでした。およそ30はあるハンガーを出してはポールに吊るし、またひとつ出してはポールに吊るしています。

そのうち吊るす場所がなくなると、先に吊るしたハンガーの下に引っ掛けています。そうやって、なんとかハンガーをぜんぶ吊るすことに成功しました。コート掛けには大量のハンガーがめちゃくちゃにぶらさがった状態なのですが、すべて終えたことに満足した子どもはそのまま立ち去ろうとしました。

そこで私がトントンと肩をたたいて、からっぽのカゴを見せました。

それから、彼が見ている前でハンガーをポールからひとつ外して、そっとカゴに入れました。「あとはよろしくね」と言ってカゴを置くと、男の子はハンガーをひとつ外して慎重な手つきでにカゴに入れました。私の入れたハンガーにぴったりくっつけるようにして、きれいにそろえています。そのあとは、すべてのハンガーを次々元どおりにきれいにカゴに戻しました。

めちゃくちゃにかかっているハンガーをひとつずつ外すのは大変だったと思いますが、彼はついにやり終えました。私と一緒にカゴを持ち上げてコート掛けの下のもとあった場所に戻すと、すっかり満足した様子でお母さんのところへ戻っていきました。

説明会を終えたお母さんに、先ほどの男の子の様子を伝えました。「家ではまったく片づけないうちの子が、そんなふうにハンガーを片づけるなんて」と驚いていらっしゃいました。

しかし、あの男の子にとってみれば、あれは片づけたのではなく、**カゴにきっちり**

入れる遊びだったのだろうと思います。

はじめに彼が見つけた遊びは、ハンガーをぜんぶ吊ることでした。そして、そのあとの片づけはもうひとつの遊びです。カゴにきれいにきっちり入れることが、ちょうどよく彼の秩序感にあう活動だったので「僕のやることがまだあったぞ！」とばかりに楽しく作業にあたったのだろうと思います。

感覚の敏感期 3〜6歳ごろ

子どもは手を使って学ぶ

◆「手に触れる感触」に夢中になる

「視覚」「聴覚」「味覚」「嗅覚」「触覚」。人間の感覚のうち、代表的な五つを五感と言いますが、**3〜6歳ごろは五感をはじめとした感覚が最も鋭敏になる時期**です。

3歳前後の子どもたちを公園に連れて行ったときのことです。公園まで歩く道すがら「早く遊びたい！」とはやる気持ちでいっぱいの子どもたちでしたが、いざ着いてみるとなぜか全員がしゃがみこんでしまいました。

思い切り走り回る姿を想像していた私には訳がわかりません。もしかして虫でも見ているのだろうかと子どもの手元をのぞき込んでみると、みんな一生懸命に砂を触っています。指先で地面をこすってみたり、砂をつかんで握ったり、飛ばしてみたり、指の間からこぼれ落ちる様子をじっと見たりしています。

普段、教室では手が汚れるのを嫌って絵具や粘土を避ける男の子も、なぜか必死な表情で砂に手をこすりつけています。絵具に比べれば砂のほうがよほど汚れそうな気がしますが、そんなことは気にならない様子です。このとき、子どもの感覚はほんとうに不思議だなと思ったものです。

3～6歳は感覚的な刺激を通して物事を理解したり、概念をとらえたりする時期です。

概念をとらえる、というのは単に物が「見えている」「視界に入っている」という段階を過ぎ、今度は**物の本質を理解したいという気持ちを持って積極的に「見る」「触れる」という段階**に入っているということです。そこには情熱的とも言えるほどのエネルギーを帯びた、**本能的な学習意欲**が現れています。

子どもにとっては目に入るものはすべて知らないもの。毎日が「これは何だろう？」

の連続です。このときの子どもの「知りたい！」という欲求は、とにかくすさまじいものがあります。

特に3歳ごろになるとさかんにいろいろなものを触って、感触を確かめたがります。「さらさら」の砂、「ごつごつ」している石、「つるつる」の床、「すべすべ」したサテン地の布、「ふわふわ」のタオル、「ざらざら」したサンドペーパー、「つめたい」石、「あたたかい」綿など手に触れたときの刺激に夢中になります。

最初のうち、子どもには「さらさら」や「ごつごつ」といった擬態語はわかりませんが、一緒にいる人が「さらさらしているね」と言うのを聞いて、自分でも「さらさら」と口にすることで、自分で体験した感触と言葉とがつながっていきます。そのうちに「さらさら」というだけで、それがどんな手触りを表しているのかを想像できるようになります。

◆物の「本質」をとらえる

視覚、聴覚、味覚、嗅覚もこのころに育っていきます。感覚への刺激を通して学ぶということは、**実体験をもって何かを習得すること**です。

例えば「りんご」という食べ物を理解しようとするとき、絵で見ても、話を聞いてみても、その実体を完全に理解することはできません。りんごを知るには、まず実物を見て、感触を確かめて、匂いをかいで、食べてみることで初めて本質をとらえることができます。「りんご」という名前を覚えるのはそのあとです。感じることは、その子ども自身の経験からイメージが作られ、独特の個性が形成されます。万人共通の「りんご」とその子どもオリジナルの「りんご」のイメージを作るのです。

子どもは自分の感覚を使って感じてみて、初めてその物体の概念というものを獲得できます。ですから、３～６歳の子どもが最も頼りにしているのは自分の感覚です。

大人は成長の過程で自分の生きている環境に関するあらゆる概念を得ています。その既成概念があるからこそ、すべてを感覚に頼ることなく円滑に日常生活を送ることができるのです。いちいちりんごの匂いをかいで確かめたりする必要はありません。
一方で感覚の鋭敏さは失われていくので、時として「こうにちがいない」という先入観にとらわれることがあります。これは、大人になるにしたがって感覚より知識を優先するよう学習してきているからです。

その点、既成概念ができる前の子どもは常に感覚が優先です。彼らが持っているのは、大人がとうに失ってしまった才能です。**子どもは同じ色相の微妙な濃淡の違いを何の努力もなく見分けられたり、一度見た景色の中のとても細かな点をよく覚えていたり、ふと聞いた音の高低の違いがよくわかったり**します。いわゆる**「絶対音感」**というのも、ごく小さいころには誰しも持っているものだという説もあります。

◆スーパーのトマトは食べないのに……

それから、この年齢における味覚の鋭さも忘れてはいけないことです。微妙な味の差がよくわかってしまう年ごろですから、例えば同じ「トマト」という食べ物にしてもおいしいものとそうでないものの違いがよくわかってしまいます。

普段スーパーのトマトは嫌いと言って食べない子どもが、田舎の直売所で試食用のトマトをどんどん食べてしまって驚いたという話を聞いたことがあります。大人にとってはどちらも同じ「トマト」に違いないのですが、子どもの中ではきっと別の食べ物を食べている感覚だったのでしょう。

「トマト」がすべて嫌いだったのではなく、完熟前に収穫されて遠い産地からスーパーまで運ばれてきた、味のほとんどしない野菜がおいしく感じられなかったということなのかもしれません。

この「感覚を洗練するための敏感期」には、鋭敏な感覚を通して子どもが世の中を探索するのに適した時期です。ですから、**この期間に感覚器官をたくさん使って、その機能を洗練させればさせるほど、子どもの世界が広がります。**

芸術的センスや色彩感覚、音への鋭い感覚、微妙な違いのわかる味覚などは、この時期の経験によって育ちます。

運動の敏感期 4歳半ごろまで

動かしたいように体をコントロールする

◆「筋肉の動かし方」を覚える

生まれてから4歳半ごろまでの子どもは、**絶え間なく体を動かして運動の仕方を学びます。**公園で走り回ることだけが運動ではありません。子どもが体を動かすことのすべてが運動です。

人間の筋肉は、大きく2種類に分けることができます。ひとつは腕や足の筋肉など、自分の意志で動かすことができる「随《ずい》意《い》筋《きん》肉《にく》」と呼ばれるもの、もうひとつは内臓の筋肉のように意思とは関係なく動いている「不《ふ》随《ずい》意《い》筋《きん》肉《にく》」と呼ばれるものです。

「不随意筋肉」は健康に生きているかぎりは自動的に動いている筋肉ですから、あまり訓練のしようがありません。その点「随意筋肉」については、自分の動かしたいようにするにはどうすればよいかを学んで練習していく必要があります。

運動の敏感期は、この「随意筋肉」の動かし方を覚えていくための敏感期です。

さらに随意筋肉の動かし方を分類すると、**①体全体を大きく動かす（粗大運動《そだいうんどう》）、②腕や手を動かす、③細かく指先を動かす（微細運動《びさいうんどう》）の三つ**に分けられます。

◆①体を「大きく」動かす（粗大運動）

歩いたり、走ったり、飛び跳ねたり、ぶら下がったり、体全体を使って力いっぱい動くことは、この時期、特に必要なことです。運動の敏感期のさなかの子どもはまさに疲れ知らず、一緒にいる大人がギブアップするくらい、どんなに遊んでもまだまだ遊び足りません。

朝から遠足に出かけてさんざん体を動かした子どもが15時ごろに帰宅しました。「今日はもうこれだけ動いたんだから、早く寝るかもしれない」と期待してみたものの、そううまくはいきません。夕飯の時間まで友達と近くの公園を走り回り、夜になっても元気なまま――そのような経験をお持ちの方も多いはずです。

この時期の子どもは、この無限とも思えるエネルギーによって自分の体を「思いっきり」惜しみなく動かして力を出し切るという経験をします。人間は大人になるにしたがって段々と体力をセーブするようになるものですが、子どもは精根尽き果てるまで動き回って、最後にコトンと眠りにつくのです。

運動の敏感期に存分に体を動かした経験をしていると、将来「ここぞ」というときにしっかりエネルギーを出せる大人になります。男の子の大好きなアクションヒーローになりきる「戦いごっこ」は思う存分動き回るのに適していますから、危険のない程度に好きにやらせてあげましょう。

バランス感覚も、この時期に獲得するものです。道を歩いているときに縁石や花壇などの細くて少し高くなった場所を見つけると、子どもはなぜかその上を歩きたがります。

つまずいたり、落下したりしてけがをしてしまうかもしれないので、大人はつい「あぶないから、やめなさい」と言ってしまいがちなのですが、この行動は子どもが自分の中のバランス感覚を育てようとしていることの現れです。

近くの公園に出かけたときには、登ってもよさそうな場所を探しておくといいでしょう。危険な場所によじ上っているときに「やめなさい」と言うだけでなく、「あそこに行って登ろうね」とアドバイスできれば、せっかくのチャンスを逃さずにすみます。

残念なことですが、最近は子どもが思いきり遊べる場所が減ってしまいました。マンションに住んでいれば自宅でもドタバタ走るのに気をつかいますし、外に出ても道幅が狭く、交通量が多いなど危険な場所もたくさんあります。今は子どもが勝手に遊べる場所がほとんどありません。

もし、皆さんの家の周りも同じような状況であれば、なるべくまめに、公園など思い切り体を動かせる場所に連れ出してあげましょう。

◆②「腕や手」を動かす

最近、腕の筋肉が弱い子どもが増えているという話を聞きますが、子どもだけでなく、大人も日常的に腕を使うことが少なくなっています。

家電製品の進化により、家事労働は昔に比べて格段に楽になりました。洗濯物を絞る、水を汲んで運ぶ、床を掃く、雑巾がけをする、窓を拭く、うちわであおぐなどはほとんど家電製品がやってくれるので、自分の手でする必要がなくなりました。また、車や自転車のおかげで、重い荷物を持って長距離を歩いて運ぶこともありません。

大人ですらそうなので、子どもたちのお手伝いの内容も今は力仕事がほとんどなく、腕の筋肉を強くする機会が失われてきています。

腕の力で自分の体重を支えられない子どもも多くなっています。組体操の練習をしてみると、自分の上に他の子どもが乗る以前の問題で、自分ひとりで四つん這いの姿勢を維持できない子もいます。

力のなさに加えて、どこに手をおけばふんばることができて、体を支えやすくなるかということも経験から学んでいないので、背中をちょっと上から押すだけで、ぺしゃんと床の上につぶれてしまうのです。

公園で鉄棒にぶら下がったり、綱引きをしたり、少し重い荷物を持ってみたり、意識して腕を使うことができればいいのですが、今どきは遊具のない公園も少なくありません。子どもの力が弱いなと思ったときには、**親子で雑巾がけや窓拭きをするといった掃除の日を作るなど、工夫をして子どもの筋力を育てたいものです。**

◆③「指先」を動かす（微細運動）

指先を使って細かな作業をするのは、普段手を使うことの少ない子どもにはとても難しいものです。しかし、指先の動きを洗練させていなければ道具を使うことができません。

指先の動きを洗練させるには、穴にひもを通す、ハサミで切る、のりで貼る、折り紙を折る、針で縫うなどの活動が適しています。「子供の家」では、2～3歳が好んでする活動です。慣れないうちはハサミを正しく持つだけでも一苦労ですが、毎日手を使うことで少しずつ指先をコントロールできるようになります。

子どもたちは「子供の家」にいる間、休むことなく手を動かしています。ひとつの活動を終えて、教具を棚にしまうと、すぐに別のものを選んで戻ってきます。

体全体や腕の筋肉は、公園での遊びや体操をする中で自然につけていくことができますが、指先の場合はそうではないだけに見落としがちです。しかし子どもの成長にとっては欠かせないものですから、**意識的に指先を使うようにしたいものです。**

指先の運動を洗練させることは、脳の細胞の密な神経を成長させます。

言語の敏感期

6歳ごろまで「爆発的に」言葉を習得するとき

◆生まれたときから始まる「敏感期」

運動の敏感期と同様に、言語の敏感期もまた生まれたときから始まっています。いかに「万能な」子どもをもってしても、言葉というものはとても複雑で、獲得までに長い時間を要するものです。このため、言語の敏感期は生まれてから6歳ごろまでと比較的長い期間続きます。

言語を獲得するプロセスは、小さなころから始まっています。不思議なことに、生まれてすぐの赤ちゃんには周囲のさまざまな音の中から人の声を聞き分ける能力が備わっているそうです。

人の声を本能的に聞き分けた赤ちゃんは、声のするほうへと顔を向けます。無意識に自然の力に従い、さかんに耳をすませて聴いているのです。

◆無意識での言語の学習期〜誕生から2歳ごろまで

誕生から2歳ごろまでは**無意識での言語の学習期間**です。

発声は生後2〜3カ月の喃語《なんご》といわれる、まだ意味のない音を発生させるところから始まります。

生後4カ月ごろになると、赤ちゃんは人が話をしている口元をじっと見るようになります。話すためにどんな口の動きが必要なのかを真剣に学んでいるような熱心さで、じっと見つめています。その動きを模倣するように、自分の口の周りの筋肉を細かく動かして音を発するための準備を始めます。

少しずつ発声器官が整って、段々と意図的に自分で声を出すことができるようになる6カ月ごろになると、「ば」や「だ」など初めて子音と母音を組み合わせた音を発生させるようになります。7カ月ごろからは人の言葉を聞き、音を模倣するようになっていきます。

8カ月ごろには言葉の意味を少しずつ理解し始めます。例えば「ママはどこ？」という言葉に反応してママのほうを見たり、「ごはん食べる？」に反応して口を開けたりすることができます。1歳ごろから片言で話し始め、2歳ごろになると爆発的に言葉が増えていきます。

◆意識的な言語の学習期〜2歳半から6歳ごろまで

2歳半から6歳ごろまでは意識的に言葉を学習する時期です。

このころの特徴は、**単語の数がどんどん増えていくことと会話が文章になっていくこと**です。2歳児の語彙は200〜300語と言われていますが、3歳になると1000語程度になり、日常の言葉のやりとりに困らないようになります。質問期と呼ばれる4歳になると急増し、就学時には1万4000語ぐらいになると言われています。
この数字は、本人が発語できる単語の数であり、意味を理解している言葉の数は計測不可能ながら、相当な数になるでしょう。

このころの子どもは、**人の話す言葉を繰り返し真似ることで語彙を増やしていく**時期にあります。そのため、時に「そんな言葉どこで覚えてきたの？」と不思議になるようなこともあると思います。意味はともあれ、真似をして「話す」ことに喜びを感じる時期なので、自分の思っていることとは関係なく、聞いたことをそのまま口にすることがあるのです。

文法はどうかというと、1歳ごろの「ワンワン」「ブーブー」といった1語文から、1歳の後半ごろには語彙の急増に伴い「ブーブー・来た」のような2語文へと進化します。2歳になるころは品詞も分化していき、3〜4語からなる多語文が使われるようになり、文の構造が複雑になっていきます。5歳になれば、日常的なことのほとんどについて、大人と言葉だけのコミュニケーションで理解できるようになります。

「環境」でモンテッソーリ・メソッドは効果を発揮する

◆敏感期を活かす「環境」とは

ここまで見てきたように、子どもが学習することのきっかけは敏感期によって起こりますが、**敏感期を活かすためには、やはり何よりも環境が大切です。**

環境が貧弱な状態では、せっかくの敏感期を活かすことができません。

敏感期に必要な環境が与えられなかった場合、どうなるのかという問いへの答えとして、一例をご紹介しましょう。

１７９７年ごろにフランスの山で発見された少年の話です。ご存じの方もいらっしゃるかもしれませんが、発見時10〜12歳と考えられる少年はオオカミによって育てられたとされており、人間らしさを失っていました。
発見から5年以上にわたり、医師によって肉体面と心理面の両方での治療が施されましたが、一部の感覚機能については回復が見られたものの、言語についてはごく限られた言葉を覚えただけだったそうです。

非常に極端な例ですが、このことはつまり、いかに子どもがさまざまな可能性を持って生まれてきたとしても、生まれたあとの環境が大きくものを言うという事実を表しています。

現代は、物や情報が豊富な時代です。便利な器具や家電製品によって、楽になったこともたくさんありますが、一方で人間が体を動かす必然性が低くなってきているとも言えます。

また、大人たちは忙しすぎて、子どもたちの目線になって考える余裕が失われていると感じることもあります。現代社会は、子どもにとって必ずしもよい環境とは言えません。

子どもが心身の両面で健やかに育っていくために何が重要なことなのか、またそのためにどんな環境が必要なのか。これを知ることは、この時代に子育てをしていくうえで特に重要なことです。敏感期を通して子どもの世界を理解することは、その助けになるはずです。

本章でモンテッソーリ・メソッドの三つの特徴を紹介しましたが、その**大前提は、子どもにとって適切な環境が用意されていること**です。

次章からは、モンテッソーリ・メソッドが考える、子どもが育つ環境とはどのようなものなのか、具体的に見ていくことにします。

COLUMN 2

「モンテッソーリ教具を自宅でもそろえたほうがいいでしょうか?」

保護者の方から「モンテッソーリ教具を自宅でもそろえたほうがいいでしょうか?」とお問い合わせをいただくことがあります。そんなとき、私は**「必要ありません」**とお答えしています。

モンテッソーリ教具は、子どもの敏感期や発達の度合いを考慮されて作られています。子どもは日々成長していますから、ひとつの教具に興味をひかれてそればかり繰り返し行う時期があります。

ただし、子どもがこの活動を十分にやり切ったという実感を得たときには、興味の対象を別のものに移していきます。

つまり、ひとつの教具に対する興味は一時的なものなのです。ですから、自宅にモンテッソーリ教具をひとつ買ったとしてそれを子どもが興味をもって使うのはほんの一時で、その後は見向きもされないものになってしまうことでしょう。

もうひとつ重要なことは、**モンテッソーリの活動は子どもの自由な選択のもとに行われる必要がある**ということです。

いくつもの選択肢の中から、自分がやりたいと思うものを選ぶことが活動の重要なポイントです。ですから、大人が選んで教具を買ってくるという時点で子どもの活動の楽しさは半減してしまいます。

さらに「せっかく買ったんだからやりなさい」と強制されたら、まったく意味がなくなってしまうどころか、「子供の家」の棚に同じものを見つけて「家にあるから、もうこれはいい」となれば、**その教具のほんとうの楽しさに気がつく機会すらも失ってしまうことになりかねません。**

このような理由で、モンテッソーリ教具を自宅にそろえることはおすすめしません。子どもがモンテッソーリ教具に触れるのは、「子供の家」に来たときだけでかまわないと思います。

それでは家庭では教具に触れるかわりにどんなことをしたらよいのでしょうか。

それは**日常生活の中で自分のことをしっかり行うこと**です。

例えば洋服を自分で脱ぐ、着る、靴下を履く、コートを着てボタンをとめる、靴を履く、自分で食べる、食器を片づけるなどは自分でできるようにしたいものです。

それから**子どもの発達段階に合わせた「お手伝い」をしてもらう**のはいかがでしょうか。

子どもは大人がやっていることを自分でやってみることにとても興味があるものです。「お手伝い」で手をたくさん動かすことは、自然に子どもの発達を後押しすることになります。ですから、なにか特別な教具を用意するよりは、ぜひ、生活の中で親子一緒に楽しむ時間をたくさん取っていただきたいと思います。次章では、こうした自宅でできることを、取り上げます。

第3章

子どもが育つ「環境」を整える

【家庭編】

モンテッソーリ・メソッドが求める家庭での関わり方

◆家庭は子どものすべての基盤

「『子供の家』に通えば自主性が育ちますか？」

「落ち着いた子になりますか？」

「集中力がつきますか？」

よくこのような質問を受けることがありますが、答えはＹＥＳでもあり、ＮＯでもあります。

というのは、**子どもの自主性というものは「『子供の家』に通いさえすれば育つ」という単純なものではない**からです。

「子供の家」にいる時間は週に4〜5日、時間は午前9時から午後2時までで、週末はお休みです。この短い時間内に自立のきっかけをつかむことはできると思います。

しかし、より長い時間を過ごしている家庭での影響のほうが子どもにとっては大きいのです。

「子供の家」では何でも自分でする環境なのに、家では親がすべてやってくれるというのでは、環境が違いすぎてかえって子どもが混乱します。

もしも子どもの自主性を伸ばしたいのであれば、「子供の家」にいるときだけでなく、**家庭でもなるべく「自分でできることは自分で」というスタンスで接する**ことが望ましいと思います。

家庭で「子供の家」と同じ活動をすべきということではありません。教具や友達との活動は当然園に任せてかまいませんが、家庭でも同じようなスタンスで子どもと向き合ってほしいのです。

家庭は子どものすべての基盤です。

睡眠や排せつをはじめとした生理的な欲求を満たしたり、生活習慣を身につけたり、家族との触れ合いを通して豊かな情緒を育てたり、すべての面において子どもの成長や人格形成に、家庭が重要な役割を果たしていることは、言うまでもないでしょう。

この基盤が整うことで、「子供の家」での活動もより豊かになっていくのです。

「できる」お母さんがしがちな失敗とは

◆「先回り」はやってはいけない

なんでもよく気がついて、面倒見のよい「できる」お母さんに**最もありがちな失敗は、子どもの要求を何でもくみとって、何か言い出す前にさっさとやってあげてしまうこと**です。

かわいいわが子のためなら、なんでもやってあげたいという気持ちはわかります。

子どもがまだ赤ちゃんの時期であれば、赤ちゃんが泣いたらすぐにそばに行ってあやしたり、オムツを取り換えたり、ミルクを飲ませてあげたりしなければならないでしょう。しかし、乳児期以降には少しずつ自分でできることが増えていくように上手に仕向けていきましょう。

生まれたときからそばにいるお母さんにしてみれば、子どもが欲しいものは何でもわかるでしょう。しかし子どものことを思うなら、あえて察しの悪いお母さんを演じたほうが得策です。

子どもにできることは「自分ですべきこと」です。まだできないことは手伝ってかまいませんが、先回りはしません。**子どもが「手伝ってほしい」と言ってくるまでは手を出さないほうがいい**のです。**「察してほしい」という表情をしているなら、「手伝ってほしいなら言ってね」と声をかける**のがいいと思います。

子どもにはその時期に発達させるべき体や手の機能というものがあります。日常生活の中で屈んだり、膝を曲げたり、手を伸ばしたり、物を握ったり、引っ張ったり、押したり、手を回したり、肩を揺らしたりなど自分の体を動かすことで子どもは成長していきます。子どもが十分に体を動かせるように、大人は何かとやりすぎないほうがいいのです。

体を動かすと言っても公園にいる時間だけが運動ではありません。家にいて遊んでいるときも、食べているときも、お風呂に入っているときも、子どもは手足を動かしています。子どもにとっては、一日がいつでも運動の時間です。

子どもが自分で何かをしようとするとき、必ず自身の体を動かします。それをお母さんがかわりにやってしまえば、子ども自身が動く機会を失います。

実際のところ、お母さんがさっとやってしまえば何でも短時間ですむでしょう。しかし、それでは子どもは何もできるようになりませんし、子どもが成長して、好奇心や活動範囲が広がれば、親の負担がどんどん増えることになります。忙しいときには子どもの動作をいちいち待っていられない！　という時もあると思いますが、長い目で見れば「察しの悪い親」でいるほうが子どものためになります。

子どもは自分で、あることができるようになると、自信を持って別なことにもチャレンジするようになります。

そうして一つひとつを積み上げていけば、そのうちさまざまことをひとりでするようになるのです。

◆お母さんも楽になる

子どもが自分のことを自分でできるようになることのメリットは、子ども自身が自立して自信をつけていくということがひとつ。それから、もうひとつ大きなメリットがあります。

それは、親が楽になることです。いつも時間に追われて、イライラしながら子どもの世話を焼く必要がなくなれば、親にも心に余裕が生まれます。親の気持ちがゆったりすれば、子どもの気持ちも落ち着きます。

このあとは、「自分でする」子どもが育つために、家庭でできる、モンテッソーリ・メソッドにもとづいた子どもとの関わり方を具体的にご紹介していきます。

ただし、くれぐれもすべてを一気に試そうとはしないでください。

子どもがひとつのことをできるようになるには時間がかかります。ひとつのことを根気よく続けて、うまくいくようになれば自然とほかの項目につながってくると思います。ぜひ肩の力を抜いて、これならできそうと思うものを試してみてください。

子どもが自分で扱えるものを用意する

◆かわいさよりも「機能面」を重視する

自分でできるようにするために、持ち物はできるだけ子どもが扱えるものにします。子どものものを選ぶときにはついかわいいデザインのものを選んでしまいがちですが、**まずは「わが子が自分で使えるか」という視点で見てください。**

例えば、子どもの登園カバンと靴をそろえることを考えてみます。初めてのカバンはあまり飾り気のないシンプルなものがいいと思います。サイズが合っているか、重さはどうか、子どもの手で開けられるかどうかなどの機能面を重視してください。実際に子どもに持ってもらい、ストラップの長さがあっているか（または調節できるか）も確認します。そのうえで子どもが好きなデザインだったら最高です。参考までに、私の働く園では体に斜めがけできて、大きめのボタンでふたを止められるデザインを推奨しています。

靴も同じ考え方で選ぶといいでしょう。はじめのうちはファスナーやスナップなど金具のないシンプルなものがよいと思います。ひも靴やブーツなどは見た目におしゃれですが子どもがひとりでは履けないので、普段履きにするのは待ったほうがよさそうです。

登園の時期が近づいてきたら、カバンを持ったり、靴を履いたりする練習を子どもと一緒に行いましょう。使い慣れたカバンと靴はなるべく変えずに、いつも同じものにしておくのが望ましいのですが、天候や季節、成長にあわせて変えるときには、新しいものを子どもと確認しておくことが大切です。

ここまで準備したら、登園時に子どもがカバンを体にかけて持ち運ぶようにします。園まで親が持っていき、子どもを送り出すときに手渡しては意味がありません。

子どもの持ち物を選ぶポイント①

- 子どもが自分で使えるものという視点で選ぶ
- かわいさよりも、機能面を優先する
- 使い慣れたものをあまり変えないこと

「自分でする」子どもを育てる②

なるべく本物を用意する

◆「サイズ」は子ども用、「素材」は大人用

子どもが使うものであっても、なるべく**大人が使うのと同じ素材のものを用意しておきましょう。**

ファミリーレストランで食事をしていたときのことです。となりのテーブルで若い夫婦と2～3歳ぐらいの小さな女の子が食事をしていました。

若い夫婦は会話に夢中になっているようです。女の子の前には、子ども用のかわいい食器に盛られたお子様ランチが置かれています。かわいらしい動物がプリントされたコップもありますが、女の子はそれを無視してとなりに座っているママのグラスに

手を伸ばしています。なかなか手が届きませんが、何度かのチャレンジでやっと手が届いた、と思った瞬間にママがさっと手を伸ばしてグラスを遠くによけたかと思うと、「あなたのはこっち」と動物のコップを女の子の前に置きました。

そのときの女の子の不満そうな顔といったら……。「私の欲しいのはこれじゃない！」という声が聞こえてきそうでした。

子どもは大人が使っているものに自然に興味を持ちますし、いつかは大人と同じものを使うときが訪れます。それなら、家庭では大人と同じもので子どもサイズのものを用意してあげましょう。

コップの場合、子ども用に売られているものは割れにくく軽いプラスチック製が多いのですが、軽さゆえに倒れやすく、扱いにくい面もあります。

ガラスや陶磁器のものは、プラスチックのものよりも重いですが、そのぶん安定感がありますし、口当たりもなめらかです。子どもが両手でつかんで持ちやすいサイズを選びましょう。ある程度条件を満たしたものであれば、デザインや色は子どもが好きなものを選ぶといいと思います。

落としたときの心配はあるかもしれませんが、**「壊れやすいから注意して使う」ということも子どもに教えてあげましょう。**

子どもの持ち物を選ぶポイント②

・素材は大人が使っているものと同じにする
・子どもが使いやすいサイズを選ぶ
・色やデザインは子どもに選ばせる

「自分でする」子どもを育てる③

子どもに選択させる

◆「自分で選ぶこと」が主体的な子どもが育つ第一歩

自分のことを誰かに勝手に決められることが好きな人は、おそらくいないと思います。同じように、**子どもも自分のことは自分で決めたいと願っています。**

小さい子ども時代に、かわいらしい、かっこいい洋服を着せたいと思う気持ちはわかります。親の好きなものを着てくれるのはこの時期だけ……というのも確かにそのとおりですが、2歳を過ぎたらぜひ子どもが選ぶようにしてください。

はじめはお母さんがある程度選んだうち「これとこれなら、どっちにする?」と提案するだけでもいいと思います。

自分で好きなものを選べば「自分の持ち物」として認識できますし、愛着がわきます。選択する習慣を持たせることは主体的な子どもが育つ第一歩です。小さいうちから慣れておくとよいでしょう。

オムツからパンツへ移行する時期には一緒にトレーニングパンツを買いに行って、子どもに好きな色やデザインを選んでもらいましょう。

いつからはくか、**時期についても話し合っておきましょう。**「来週からはこう」でも「誕生日からはこう」でもなんでもいいのですが、事前に約束しておけば「じゃあ今から」といきなり行うよりも子ども側も心の準備ができます。

持ち物を選ぶ以外の例を挙げれば、例えばおやつの時間です。家にあるおやつの中からおせんべいを食べるか、ビスケットにするかということは親が決めるのではなく、子どもに選ばせます。食べ過ぎにならないように親はおやつの量をコントロールしますが、何を選ぶかは子どもに任せるといいでしょう。

「自分で決める」ということは、単に好きなものを選ぶというだけでなく、自分の選択に責任を持つことでもあります。

ごはんの前に食べ過ぎないように「おせんべいかビスケットのどちらか」を選ぶというルールにしたのなら、子どもが選択しなかったほうは片づけます。

子どもは自分で選んだことに満足しますし、もっと食べたいときも「ごはんの前だから、今日はこれでおしまい」という親の言葉に納得できるようになります。

子どもが選択するポイント

- 大人が選ばない
- 最初は二択にしてもよい

「自分でする」子どもを育てる④

物の置き場所を決める

◆使いたいときに「自分で」使える

部屋の整理整頓をして物をいつも同じ場所に置いておけば、いざ使おうというときにいちいち探す手間が省けます。子ども部屋も同じです。おもちゃや絵本を**いつもと同じ場所にしまっておけば、子どもが欲しいときに自分で取り出せる**ようになります。

親と同じ部屋を使う場合や、兄弟でひとつの部屋を共有する場合もあると思いますが、そんなときには個人のストッカーやコーナーがあるといいと思います。

兄弟でひとつのストッカーを共有する場合は、ひとつの引き出しを個人で使えるように場所を分けてください。どこが自分の引き出しかわかるように「ハート」や「ほし」など子どもにわかりやすいマークをつけておくといいと思います。

可能であれば、用途別・機能別に箱を分けて用意すると、なおよいでしょう。

「自分の持ち物をしまっておく場所」が決まっていれば、そこが子どもの大好きな場所になります。そこに行けば大好きなおもちゃや絵本があって、いつでも自分で出して遊ぶことができます。使い終わったあともそこに戻せばよいので、片づけの習慣をつけやすくなります。


子どもが自分でできるようになる「置き場所」のポイント

- 個人用のストッカーやコーナーを作る（自分のマークをつけてわかりやすくする）
- 物をいつも決まった場所に置く
- 必要なときに子どもが取り出す

「自分でする」子どもを育てる⑤

持ち物を管理させる

◆おもちゃは子どもが「管理できる」数に

物の置き場所を決めて、自分で持ち物を取り出せるようになったら、片づけも習慣にしてしまいましょう。

まず**子どもと一緒に「片づけタイム」をいつにするか決めます。**「ごはんを食べる前」「お風呂に入る前」「寝る前」など、やりやすい時間ならいつでもかまいません。その時間がきたら、「お片づけの時間だね」と声をかけます。

はじめは片づけの仕方を見せながら、一緒にやるといいでしょう。あくまでも、親は手伝っているだけというスタンスを忘れず、子どもが主体になって片づけられるようにしましょう。親はたくさん出ているおもちゃを集めるだけにして、引き出しまで運ぶのは子どもというように分業してもいいと思います。

これを繰り返しながら、そのうちひとりでできるように導いていきます。

「お片づけの歌」を一緒に歌いながらやるのも楽しいでしょう。「ママは食卓を片づけるから、あなたはおもちゃを片づけてきて」と言って、別々の場所で歌を歌いながらやってもいいと思います。

絵本やおもちゃはプレゼントとしてもらう場合も多く、つい増えてしまいがちですが、できれば子どもが管理できる数にとどめておきたいものです。この際、使わなくなったおもちゃは誰かに譲ってもいいかもしれません。大量のおもちゃが部屋中に散乱していては子どもが片づける間に疲れてしまいますし、自分が持っているものを把握しきれないからです。

片づけを習慣づけるポイント

- 「お片づけタイム」を楽しくする
- しまい方を見せる
- 慣れるまでは大人が適度に手伝ってあげる
- 子どもが管理できる数にとどめる

「自分でする」子どもを育てる⑥

ルーティンで自主性を育てる

◆いつもと「同じ手順」で「同じこと」を習慣にする

2～3歳ごろの秩序の敏感期には**「いつもと同じ手順で」「いつもと同じことをする」ことが大好きな**時期です。

この時期の特性を活かして、子どもがやるべきことをルーティン化してしまいましょう。最初のうちはごくシンプルなものがよいと思います。

例えば、「朝、保育園に行く前」のルーティンを

① 自分のカバンを取ってくる。
② 靴入れから靴を出して、自分で履く。

③ カバンを自分の体にかける。

というふうにするなら、準備は以下のようになります。

事前準備

- 子どもの成長具合を考慮して、自分で扱えるカバンと靴を用意する。
- 決まった場所にカバンと靴を置き、子どもと一緒に確認する。
- 子どもがカバンを持ったり、靴を履いたりする練習をする。

当日の朝にすること

- 当日の朝、出かける少し前に「そろそろ出かけるからカバンを取ってきてね」と伝えて自分で取りにいってもらう。
- 次に「靴はどこにあったかしら？」と靴入れから自分で出すように促す。

子どもが場所を忘れているようなら、一緒に置き場所まで行って「ここだったよね」と再度確認します。

毎日繰り返して子どもが段々慣れてきたら、「そろそろ出かける時間だね、出かける前に何をするんだっけ?」と声をかけるだけですみます。休み明けに、何をするか忘れているときには「『カバン』『靴』だったよね」と短く伝えればオーケーです。

帰宅したときは、子どもが自分でカバンを戻すようにできればなおいいでしょう。

子どもが慣れるまでは辛抱強く教える必要があると思いますが、これができるようになればしめたものです。そのうち子どもは、何も言わなくても出かける前にカバンと靴を準備するようになります。

ルーティンで自主性を育てるポイント

- ルーティンの内容を子どもと確認する
- 子どもがルーティンを覚えるまで、根気よくサポートする

「自分でする」子どもを育てる⑦

「褒める」より「共感」しよう

◆子どもの「達成感」によりそう

褒められるというのは誰にとっても嬉しいものですが、子どもが何かをやり遂げたときは、**大人目線で「褒める」より、子どもの気持ちに「共感」してみてください。**

子どもが頑張って何かを達成したとき、重要なのは「上手にできたかどうか」という結果よりも、「やり遂げた」という気持ちです。この気持ちによりそえば、自然と「よかったね！」「やったね！」「できたね！」と共感できると思います。

自分ではなかなか外せなかったボタンをついに外せたとき、子どもは「やった！できた！」という達成感でいっぱいになります。

そういうときに、その満たされた気持ちに大人がよりそって一緒に喜んでくれると、子どもはなんとも言えないいい気持ちになるものです。

「子供の家」でも、子どもが何かをやり終えて「できた」と思うとき、教師に言葉で伝えてくることもあれば、満足そうな顔つきで教師の顔を見るだけのこともあります。

子どもが「できたよ！」と嬉しそうに言えば、教師も「よかったね！」と同じ程度に喜びますし、静かに満足しているようならば、目線でにっこり返すだけ。**あくまで子どもの気持ちの程度に合わせる**ようにしています。小さい子どもが相手だからと言って、いつも「体操のおにいさん」のような元気な調子で褒めるわけではありません。

子どもの達成感に大人が共感することは「あなたが頑張っているのをいつも応援していますよ」というメッセージを送ることです。**子どもがこのメッセージをしっかり受け止めたとき、子どもの内側に「自信」が芽生えていきます。**

「褒めて伸ばす」という言葉がありますが、だからと言って、なんでも褒めればいいというのも違います。

子どもがたいして頑張った気持ちになっていないときに、「すごいね！」「頑張っているね！」と言われてもあまりプラスにはなりません。お母さんが笑顔になることは子どもにとって嬉しいことなので、「お母さんが褒めてくれるから」何かしようという気持ちになるかもしれません。悪いことではないと思いますが、自分がしたくてすることではないので、お母さんの注目がなくなればやめてしまいます。

「共感」は親子が通じ合う大切なコミュニケーションです。やたらと褒めるより、子どもと同じ目線に立って喜んだり、うまくいかなかったときには「残念だったね」と悲しんだりすることが大切です。

気持ちによりそうポイント

- 子どもの「やった！」という気持ちに共感しよう
- 必要のないときに褒めるのは逆効果

お手伝いをしてもらう

◆「子どもの願い」をかなえるお手伝い

2～3歳の子どもは大人の真似をするのが大好きです。特にいつも一緒にいる親やお姉ちゃん、お兄ちゃんの真似をしたがります。**その願いを最大限にかなえられるのが「お手伝い」です。**家事をするとき、子どもにできそうな部分を積極的にお願いして手伝ってもらいましょう。

以下はお手伝いの例です。子どもの成長度合いに合わせて、できそうなことをやってもらうようにすればいいと思います。

- **【料理】ボウルに野菜を入れて洗ってもらう**
- **【洗濯物の分類】同じ靴下を探してペアにする。パンツ・Tシャツなど種類別に分ける**
- **【洗濯物をたたむ】靴下やハンカチなど小さなものをたたんでもらう**
- **【掃除】子どもサイズの小さい雑巾を用意して、大人と一緒に雑巾がけ**

いずれの場合も、初めてお願いするものは親がゆっくりとやって見せるようにします。子どもが動作をじっくり見られるようにゆっくりと、です。このとき、子どもが見ることに集中できるようあまりしゃべらないことです。そのあとで子どもにやってもらいます。

子どものやる気を削がないためのポイントは**「子どもがやっている間には、あれこれ口を挟まずに任せる」**ことです。

それから、多少の失敗には目をつぶること。子どものやり方がうまくいかないのは、たいてい大人の教え方に問題があります。やり方を見せるときは、できるだけわかりやすく、手元がよく見えるよう工夫をしてみましょう。
子どもが一生懸命やったときは、たとえ上手でなかったとしても「ありがとう！」「助かったよ！」と伝えるのを忘れずに。

お手伝いのポイント

- 初めての作業はゆっくりとやって見せる
- 見せることに集中し、しゃべらないように
- お願いした後で口を挟まない
- 多少の失敗には目をつぶる
- 「ありがとう！」

「自分でする」子どもを育てる⑨

ダメなものはきっぱり伝える

◆「ダメを伝える」ときの二つのポイント

子どもの気持ちによりそうことは大事ですが、ダメなことはきっぱりと伝えます。

小さな子どもにとって重要な生活習慣として、「生活リズム」を整えるということがあります。特に睡眠は成長にとって欠かせません。それなのに「まだ寝たくない！」という子どもの気持ちによりそって、深夜まで起きていたらどうなるでしょうか。

あるいは交通量の多い場所を歩くとき、「危険な場所ではお母さんと手をつないで歩くこと」という大切な約束よりも「ひとりで歩きたい」という子どもの気持ちを優先したらどうなるでしょうか。

生活の中には、必ず守らなければならない約束事があります。子どもの健康を守るために必要なことや、家庭で決めているルールもあるでしょう。そういうことに対しては、どんなに子どもが嫌と言ってもはっきり伝えて守らせる必要があります。

そこで大事なことは

①「なぜだめなのか」理由をきちんと伝えること

②親の態度に一貫性があること

この二つです。

◆①「なぜだめなのか」理由をきちんと伝えること

理由を伝えるとき、「ダメなものはダメ！」というのは説明になりません（危険なときなど、急を要するときには仕方ありません）。「しっかり寝るとあなたが大きくなれるからよ」のように「簡潔に」「具体的に」かつ「穏やかに」伝えると、嫌と思ってもそのうち諦めます。

子どもには長々と説明するより、短く簡潔に伝えると理解しやすいようです。

危険な場合には直接的に「ダメ」と言わなければなりませんが、それ以外の場面では**「○○だからダメ」よりも「○○するのがよい」というポジティブな言い方に変える**工夫もいいと思います。人はネガティブな言葉よりもポジティブに言われることのほうがすんなり受け入れられます。

◆②親の態度に一貫性があること

「一貫性のある態度」もとても大切です。

子どもが「嫌だ！」と言うからと親のほうが折れてしまっては、せっかくの苦労が水の泡です。子どもは意外と冷静に大人を見ているもので、「ママはダメと言うけれど、甘えたら許してもらえる」ということを巧みに学習します。**ですから、ほんとうに守るべきルールについては毅然とした態度で伝えなければならないと思います。**

子を思えばこそ、親は「鬼になるとき」が必要です。

ダメを伝えるポイント

- ダメなものはきっぱりと
- 理由は「簡潔」「具体的」、かつ「穏やかに」に
- 「ポジティブ」に言えればなおよし
- 態度をコロコロ変えないこと

「自分でする」子どもを育てる⑩

テレビやスマートフォンに対する考え方

◆なるべく「親子一緒」に

現代の忙しい世の中で、女性はかつてないほど時間のやりくりが難しくなっていると思います。男性の育児参加が少しずつ浸透しているものの、「社会全体で子どもを育てる意識改革」が実際に女性の負担を軽減するところにまではなかなか至っていないのが現状だと思います。そんな忙しい親たちが少しでも時間を捻出するために、子どもにテレビやスマートフォンを見せることがあると思います。

「スマホの動画やテレビを見せている間に家事や仕事ができるので助かっているのですが、ほんとうはあまりよくないですよね」という声を聞くことがあります。

何気ないこの言葉の中にお母さんたちの複雑な想いが見えるようで、切なくなってしまいます。「よくないですよね」という言葉には、わが子を心配する気持ちや申し訳なさが見え隠れしていながらも、いつも子どものことだけ見ているわけにいかないという切実な状況があるのだと思います。

そういうことをわかったうえではありますが、先ほどの言葉に正直に向き合うのなら、やはり**「よくないと思います」**。

幼少期は手足を存分に動かして周りを探索したり、家族とのコミュニケーションによって安心感を得たり信頼感を築いたりする、そういう活動が重要な時期です。しかし映像を見るという行為は「一方的に」情報を受け取るだけですから、見ること以外には何もしていません。体を動かすことも返答をすることもなく、ただじっと画面を見つめるだけです。

子ども向け番組のようにインタラクティブコンテンツはどうかといえば、刺激があって子どもに動きを要求する分だけ少しはましですが、生身の人間と相対することとはやはり違います。

理想を言えば、テレビは家族一緒に見て、親が子どもと一緒に楽しんだり、感想を話したりするのがいいでしょう。しかし、家事をする間にどうしても子どもにテレビを見せて待たせることが必要ならば、やはり見る番組や時間を決めてだらだら見せないことです。そして時間に余裕のある休日にはテレビを消して、子どもと一緒に家事をすることも考えてみてほしいと思います。

テレビを見せるなら

- 見る番組や時間を決めて、だらだらしないこと
- なるべく親子で一緒に見て、参加したり話し合ったりする

「自分でする」子どもを育てる⑪

大人のスマートフォンの使い方

◆「子どもと向き合う」ことを最優先に

前項に関連してもうひとつ、心に留めておいてほしいことがあります。大人のスマートフォンの使い方です。スマートフォンが生活の一部としてごく当たり前の世の中になりましたが、便利さゆえについつい「ながら」な使い方をしてしまいがちです。でも、**「子どもと話しながら」の使用は避けましょう。**

大人との愛着を形成している最中の子どもは、大人の気持ちがこちらに向いているかということにとても敏感です。そんなときにスマートフォンを気にしてうわの空になっていたら、子どもは無視されたと感じて悲しい気持ちになります。

子どもはこちらを向いてほしいと切に願い、大人の注意を自分に向けさせようと必死になります。お母さんを呼んだり、おかしな顔をして注意を引こうとするかもしれませんし、あるいはドタバタと走り回ったりするかもしれません。しかし、それが何度も空しい結果に終わってしまえば、ついに諦めてしまいます。一度こうなってしまうと、あとからではなかなか取り返すことは難しいものです。

ですから、子どもと一緒にいるときにはスマートフォンはしまうようにして、**しっかり目を見て話を**してください。

特に、**食卓にスマートフォンは厳禁**です。食卓では、子どもと一緒に食事を楽しむことが最も大切です。

どうしても使わなければならない用事があるときには、子どもに一言声をかけてから使うくらいの配慮があってしかるべきです。

長い人生、子どもの成長にとって重要な期間は、ほんの少しの期間です。

今は大変でも、あとから見ればとても重要な、でも短い期間です。その間にできることを考えていただきたいと、切に願います。

大人がスマートフォンを使うときの注意点

- 子どもと向き合うことを最優先に
- 食卓にはスマホを持っていかない
- どうしても使うときは子どもに断る

環境を整えたら「気長に見守る」こと

◆手を差し伸べたい気持ちを「我慢」してみよう

ここまで、モンテッソーリ・メソッドに基づいた、家庭での子どもとの関わりについてご紹介してきました。大人が準備を終えたら、あとは実践あるのみですが、最初の試練はおそらく**「必要以上に手を出さず、子どもが自分でやるのを気長に見守ること」**だと思います。

子どもが何かやろうとするとき、はじめのうちは大人が想像する以上の時間がかかります。ズボンをはくだけでも一苦労です。足を入れる場所が違っている。どうやってても裾からつま先が出てこない。ウエスト部分をしっかりつかめなくて上に引っぱりあげられない。それでも苦労しながらどうにかはけた！　と思ったら前と後ろが反対。「もう見てられない！」とつい手を出したくなってしまいますが、ここはグッとこらえてください。

少し手伝ってあげればうまくいきそうなときは、あれこれ言葉で指示するより、そっと手を添えてあげたり、場所を示してあげたりと、**なるべく動作でサポートしてください。**しつこいようですが、大人がやってあげるのではなくて、子どもが自分でやるのを手伝うのです。

最初のうちはほんとうに大変だと思います。ですが、その苦労によって、自立・自律した子どもが育っていくのです。

COLUMN 3

物おじしない子どもたち

園外活動の際、外部の方から「おたくの園児さんは物おじしませんね」とか「はっきりお話ししますね」という感想をいただくことがあります。

秋の梨狩りに行ったときのことです。果樹園の説明をしてくれたおじさんから「何か質問ありますか？」と聞かれて、25人の子どものほとんどが「ハーイ！ハイ！ハイ！」と手を挙げました。周りにつられて手を挙げているだけの年少児もいたりして、いざ当てられると「うーんと、忘れちゃった」と恥ずかしそうにする子もいますが、年長児になるとなかなかいい質問をしています。

「どうやったらおいしい梨ができますか？」

「毎日お世話してるんですか？」

「虫をとるのは大変ですか？」

「子供の家」は少人数制なので、普段から発言機会が多く、子どもは人前で話すことによく慣れています。これが「質問ありますか？」と聞かれて無言にならない理由のひとつです。

もうひとつには、子どもたちが普段から「物事によく気がつき、よく考える」ことが挙げられます。教師は、子どもが疑問に思ったことはなるべくそのままにせず、活動の中で答えを探せるように工夫しています。

「子供の家」のベランダには球根を植えた鉢が並んでいて、毎日子どもたちが世話をしています。

あるとき、ひとりの子どもが、まったく芽が出ていない鉢があるのに気がつきました。その鉢の持ち主がいつも水をあげているところを見ていましたから、どうして芽が出ないのか不思議に思ったのです。

「具合の悪い球根だったのかな?」
「もしかして、虫が球根を食べちゃったとか?」

子どもなりにいろいろな仮説を立てているようですが、中を見てみないことには理由がわかりません。

そこで、教師がみんなで中身を調べてみるのはどうかと提案しました。教室にシートを敷いて鉢をひっくり返してみましたが、そこには球根がありません。確かに植えたのですから、なくなるはずがありません。

もっとよく探してみると、小さくなった球根のかけらのようなものが見つかりました。触ってみるとグニャリとしていて、腐っていることがわかりました。

子どもたちはなぜなのか話し合って、どうも水のあげすぎが原因なのではないかという結論にたどり着きました。持ち主の子は早く芽が出てほしくてたくさん水をあげたようで、これからは水のあげすぎに気をつけよう、とみんなで話し合いました。

このとき、子どもたちは疑問に対する仮説を立て、結果を分析し、対策を考えるところまでしています。教師は子どもたちの議論が進むように手助けをしていますが、あくまで自分たちで考えられるようにサポートをします。

日ごろから、**教師が問題や答えを一方的に提供するのではなく、子どもたちが自分で活動を展開できるようにしている**のです。

第4章

子どもが育つ「環境」を整える

【子供の家編】

「子供の家」のルール「自分のことは自分で」

◆「共同体」で生活するなかで学び、吸収すること

「子供の家」は、年齢の異なる子どもたちが一緒に過ごす「子どもたちによる、子どもたちのための」場所です。

子どもたちはそれぞれに違った個性や性格、興味・関心、能力などを持ち寄ってひとつのコミュニティを形成しています。ひとりの子どもだけでできることや考えられることは限られているかもしれませんが、たくさんの子どもがそれぞれの個性や得意分野を持ち寄ることで、共同体はより強くなります。

会社組織にたとえるとわかりやすいかもしれません。

変化の激しい近年の環境の中では、多様性のある会社のほうが変化に対応しやすく、マーケットの新しいニーズにあったものを生み出せる可能性があります。

そうすると、真面目な秀才タイプばかりがいればいいというわけではなく、むしろ、多様な個性を持つ人材が集まっていたほうがよいということになります。

このとき大事なのは、お互いに「違う」ということを認め合いながら、協調していくすべを学ぶことです。

子どもたちの世界でも、**それぞれがみな違っていることを「当たり前」として関わっていくことが、よりよい共同体を作ります。**

子どもたちは、共同体として生活をするなかからたくさんのことを学んで吸収しています。

個性豊かな友達がたくさんいることで刺激に触れられること。

自分と友達は違っているけれど、大切な存在だということ。

自分が知らないことは友達から吸収できること。
友達がまだ知らないことは自分が教えてあげられること。
ひとりでは大変なことも、友達と協力すればできることがあるということ。

何かを発見したときには、みんなに教えてあげられること。
相手から教えてもらった発見によって、新たな刺激を受けること。

自分が邪魔されたくないと思うときは、相手もそう思っているということ。
自分が自由にやりたいことをするためには、相手の自由も認める必要があること。

自分と友達の意見が違ったらどうすべきか考えること。
人が嫌なことを言ったり、言われたりすることでどんな気持ちになるか感じること。

友達のために何かしてあげることがとても素敵なことだということ。

でもすべてしてあげることがよいのではなく、友達が自分でできるまで待ってあげることも**必要**だということ。

こういったことは子どもが「自立」しているからこそ学べることです。子どもが精神的に「受け身」で、「依存心」の中にいては決して得られない学びです。

ですから、**「子供の家」では「自分のことは自分でする」ことが基本**です。それぞれが自立した存在であるからこそ、互いを尊重し、共同体としての規律が生まれていきます。

◆「子供の家」が提供する「五つの環境」

自由には責任が伴う、ということも生活の中から学んでいきます。

モンテッソーリ・メソッドと言えば、とかく「個性を認められる」「自由に好きなことをする」という点だけが強調されるケースがありますが、自由には当然責任が伴います。

人間の社会で「自由でいる」ためには、ただ好き放題やればいいのではなく、時間のけじめをつけたり、役割をまっとうしたり、人と話し合ったり、調整したり、協力したり、譲ったり譲られたり……さまざまな場面を通して社会性を身につけていく必要があります。

それは入園まもない2歳の子どもであっても例外ではありません。

「子供の家」では小さいながらもひとりの人間として尊重されるかわりに、精神的な自立を目指して活動する必要があります。

そういった基本的な姿勢は、ある年齢になれば急に身につくというものではありません。小さなうちから、その子どもが可能な範囲での自立が求められる環境の中で、子ども自身が学び取っていくものです。

この章では、「子供の家」の環境を、

①　**教師**
②　**教具**
③　**自由時間**
④　**縦割りクラス**
⑤　**5領域のプログラム**

の五つの要素に分けて紹介していきます。
順に見ていきましょう。

環境①　教師

ひかえめな教師の存在

◆環境を「整え、見守る」

教師は「子どもが自分でできるように」環境を整えながら、見守る存在です。身支度や物の管理、片づけの方法などでは、はじめのうちは手を添えるなどの最小限のお手伝いをしながら、ゆくゆくはひとりでできるように導いていきます。守るべきルールはきちんと伝えますが、決して子どもを何か決まった型にはめるような指導ではなく、子どもが個々のやり方を見つけて前進できるように、きっかけを作り、少しのアドバイスをします。子どもの活動がより生き生きとしたものになるよう、大人が前面に出るようなことはしません。

◆モンテッソーリ教師の12の心得

私がモンテッソーリ教師養成コースで2年間学んだ際、「モンテッソーリ教師の12の心得」というものに出会いました。

これは「子供の家」の教師の姿を知るうえで役立つことはもちろん、ご家庭で子どもと関わるときの参考にもなると思います。やや硬い表現もありますので、簡単な解説を交えてご紹介します。

私はこれを時々眺めては、自分の保育を振り返って初心に返るようにしています。

①環境に心を配る

教師の仕事は環境づくりに始まり、環境づくりに終わるといっても過言ではありません。部屋を整理整頓し、常に美しく保っておくということもありますが、足りない道具がないように使った分を常に補充したり、破損した道具を修理したり、季節や子どもの活動の進み具合に応じて教具の入れ替えを行ったりします。

また、教師自身も環境の一部ですので、立ち居振る舞いや言葉づかいなどにも気をつけます。

② 教具や物の取り扱いを明快、正確に示す

子どもが初めて扱うものや教具を紹介するときには、ゆっくりした動作で使い方を見せます。子どもが見ることに集中できるように、教師は無駄にしゃべらないようにします。概して、大人は手を動かしながらしゃべりすぎる傾向があります。しかしそれでは子どもが見ることと聞くことのどちらにも集中できません。子どもにとって良かれと思うなら、見せることと説明することは分けて行うべきです。言葉での補足が助けになるような年齢の子どもが相手なら、見せたあとで言葉でも説明します。

説明するときには必要なことだけ、短く端的に伝えるように工夫します。長々と説明したり、たとえ話を使ったりするのはあまり子どもの助けになりません。言葉で説明するよりも、子どもが興味を示しているうちに「やってみる？」と誘ってみます。そこで子どもがすぐに行動を始めたら成功です。

モンテッソーリ教師の12の心得

① 環境に心を配る

② 教具や物の取り扱いを明快、正確に示す

③ 子どもが環境との交流を持ち始めるまでは積極的に、交流が始まれば消極的にふるまう

④ 探し物をしている子や助けの必要な子の忍耐の限度を見守ってあげる

⑤ 招かれたら応えていく

⑥ 招かれたらよく聞いてあげる

⑦ 子どもの作業を大事にし、中断や質問をさける

⑧ 間違いを直接的に訂正せずに、間違った子どもを尊重する

⑨ 休んでいる子どもや他人の作業を見ている子どもを無理に呼んだり、作業を押しつけたりしない

⑩ 作業を拒否する子どもや知らない子ども、間違っている子どもにはたゆまず作業に誘い続ける

⑪ 探し求める子どもには、そばにいることを感じさせ、見つけた子どもにはかくれる

⑫ 作業がすんで、快く力を出し切った子どもには、沈黙のうちに喜びを感じさせる

③子どもが環境との交流を持ち始めるまでは積極的に、交流が始まれば消極的にふるまう

ちょっと難しい言葉が使われていますが、何をしようか迷っている子どもには「こんなお仕事があるよ」と興味がありそうなものを見せてあげたり、使い方がわからないものは「こうやってやるよ」と見せたりします。子どもが活動を始め、もうついていなくてもできそうならば、教師はさっと離れて見守ります。

④探し物をしている子や助けの必要な子の忍耐の限度を見守ってあげる

子どもが探し物をしているときや、ちょっと難しいことに挑戦しているときは、ある程度まで自分でやる姿を見守ります。自分で探したり、考えたり、工夫したりして解決できることが一番だからです。

ただし、子どものチャレンジにも限界があります。子どもが「もうイヤ！　もうやらない！」となりそうなギリギリのタイミングがやってきたら「お手伝いしましょうか？」と声をかけるようにしています。

⑤ 招かれたら応えていく

子どもが教師を呼んでいるときにはすぐに応えます。すぐに対応できないときには「こちらが終わったらすぐに行くから、自分でやりながら待っていてね」と返事をします。

⑥ 招かれたらよく聞いてあげる

子どもが話したいと思っているときには、なるべく途中で遮ることなくよく聞いてあげるようにします。ただし、子どもがほかにすべきことがあるにもかかわらず話し出したときには、「あなたがすべきことを終えたら、ゆっくり聞くね」と言って活動に戻るよう促します。

⑦ 子どもの作業を大事にし、中断や質問をさける

子どもが何かに集中しているときには、こちらからは声をかけません。子どもが素敵な絵を描いているとき、思わず「これはなに？」と聞いてみたくなりますがグッとこらえます。できあがった絵を見せてくれたとき、質問をすればいいのです。

⑧間違いを直接的に訂正せずに、間違った子どもを尊重する

子どもが明らかに教具の使い方を誤っているときでも、その場で子どもには伝えません。誤りに自分で気がつき、自分で解決法を考えることこそが大切だからです。

⑨休んでいる子どもや他人の作業を見ている子どもを無理に呼んだり、作業を押しつけたりしない

何がなんでも活動をしなければいけないということではありません。ひとつの活動を終えて、ひと休みしたいときもありますし、友達の活動を見ていたいときだってあります。見る、ということも学びのひとつ。そんなときに無理強いをする必要はありません。

⑩作業を拒否する子どもや知らない子ども、間違っている子どもにはたゆまず作業に誘い続ける

やったことのないことや、ちょっと難しそうなものをなんとなく避ける子もいます。

そういう子を活動に誘って、教師が一緒に活動してきっかけづくりをします。

⑪ 探し求める子どもには、そばにいることを感じさせ、見つけた子どもにはかくれる

子どもが主役の自由時間には、教師は控えめにしています。

しかし、大人がそばにいてほしいと思っている子どもには、近くにいることを感じさせるようにします。

子どもが手伝いを必要としていればその都度応えますが、教師がいることをすでに認識した子どもからは少し距離を置くようにします。いずれにしても、教師はつかず離れずの距離で見守っています。

⑫ 作業がすんで、快く力を出し切った子どもには、沈黙のうちに喜びを感じさせる

作業が終わった子は「できた」という満足感に満ちています。

そういうとき、教師はことさら「できたね！　よかったね！」と大きな声を出したりしません。

子どもが「できた！　見て！」と教師に声をかけてきたら、それに応えるようにしますが、子どもが静かにしているときには、教師はにっこりとする程度で充分です。

環境② 教具

子どもの才能を伸ばすモンテッソーリ教具とは

◆「モンテッソーリ教具」の特徴とは

「子供の家」には、モンテッソーリ・メソッドの考え方に沿った教具が用意されています。「日常生活の練習」「感覚」「数」「言語」「文化」の五つの領域それぞれに教具があります。各領域で独自の特徴もありますが、ここではすべての領域の教具に共通する代表的な特徴を紹介したいと思います。

モンテッソーリ教具の特徴

- ひとつしかない
- 「子どもサイズ」である

・「ひとつの目的」のために作られている
・子ども自身で「誤りに気がつく」
・「美的」である

◆ひとつしかない

ほとんどの教具は、教室にひとつずつ用意されています。

ひとつしかないということは、**みんなが同じものを、同時に使うことはできない**ということです。家庭と違って「子供の家」には大勢の子どもたちがいますので、時には待ったり譲ったりする必要があります。

同年齢の子どもたちの間では、ある時期に特定の教具に人気が集中することがあります。そうなれば当然、その教具を使うために順番待ちが発生します。

二人でも活動できる教具なら、後から来た子が「入れて」と言い、相手が承諾すればよいことです。しかし、さらに後から来た子は順番待ちをしなければならないので

「終わったら教えてね」と声をかけてから、別の活動をして待ちます。あるいはもっと人気の集中する教具であれば、いつの間にか誰かが「予約表」なるものを作って名前を書いて使うような工夫をしています。

◆「子どもサイズ」である

教具は子どもの手の大きさに合わせて、**子どもが自分で使いやすいサイズや機能があるものが用意されています。**「日常生活の練習」として使う、椅子と机、コップ、皿、花瓶、スポンジ、雑巾、ハサミ、糊、鉛筆、針、糸、包丁といった道具を例にとるとわかりやすいのですが、「感覚」「数」「言語」といったそのほかの領域で使われる教具もすべて子どもがひとりで持ち運びできて使える大きさになっています。

一方で子ども用だからといってすべて軽いものというわけでもなく、食器や皿などは本物の「重さ」にきちんと慣れることも考慮して用意しています。重いものを注意して運ぶ、ということも子どもにとってはよい経験です。

また、子どもが手で扱うことを通して、物の概念をつかめることも「子どもサイズ」

の利点です。

◆「ひとつの目的」のために作られている

教具はどれもひとつの目的のためだけに作られています。あれもできるし、これもできるといった多機能なものはありません。

大人にとって多機能なものは便利で、保存場所のことを考えると効率がよいものです。しかし、それでは子どもにとって「雑音」が多すぎます。「子供の家」の教具の場合は、**刺激はひとつに絞られていて、その他の刺激が排除されるような作り方がされています。**

「感覚」の領域で登場する「ピンクタワー」という教具は、子どもが「大きさ」という概念を獲得するためだけに作られています。子どもにとっての刺激は「大きい」か「小さい」かということだけであって、その他のことに気をとられることのないようにしなければなりません。

ですから、タワーを構成する10個の立体はすべて「立方体」で、色は「ピンク1色」だけに統一されています。これは、活動のねらいを考えたうえでの配慮なのです。

もしも、見た目の華やかさだけを考えて積み木のそれぞれに赤や黄色、ピンクなどさまざまな色を使ってしまえば、子どもの興味はいっぺんに色のほうに向いてしまうでしょう。

◆子ども自身で「誤りに気がつく」

特に感覚教具や数の教具で顕著な特徴として挙げられる点ですが、活動しながら子どもが自分自身で誤りに気がつくように設計されています。

教具自体に誤りを訂正する機能があるので、教師が指摘しにやってくるたびに子どもの活動が中断されることはありません。

さきほどご紹介した「ピンクタワー」は1辺が1㎝ずつ変化する10個の立方体で構成されています。一番大きな立方体の一辺は10㎝、一番小さなものは1㎝です。その間に八つの立方体が存在しています。
最も大きい立方体を一番下にして、その上に大きい順に立方体を積んでいきます。10個をすべて積み終えると、規則性を持った美しいピンクのタワーができます。

しかし、立方体を積む順番を間違えるといびつなタワーになったり、積んでいる途中で倒れたりします。子どもは「あれ？　おかしいな」と自分で気がついてやり直します。

2歳児や年少児でごく小さい子どもの場合、はじめのうちは誤りに気がつかないこともあります。そんなときには、教師が「ここが間違っているよ」と直接的に指摘せずに「なんだか、タワーがガタガタしているけれど、これでいいのかしら？」と**子どもが自分で考えて気がつけるように誘導しています。**それでも気がつかない場合は、発達の度合いがそこまで追いついていないということなので、誤りを直さなくてもよしとすることもあります。

モンテッソーリ教具「ピンクタワー」

◆「美的」である

教具そのものが美しく、子どもの目に魅力的に映るという点も重要です。感覚教具の多くは木製で、つややかな美しい色で塗られています。使われている色は最低限必要な数だけ、**子どもが本来の目的に集中できるように**とカラフルすぎることもなく、とてもシンプルに作られています。

日常生活の練習に使う花瓶も、ガチャガチャと色の多い派手な柄やキャラクターなどを避けて、シンプルながら美しいガラスや磁器や陶器製を選び、主役の花を引き立てています。美的であることは、その他のすべての教具に共通した条件です。美しい教具は、自然に子どもたちをひきつけます。

なお、教具を棚に収納する際は子どもが取り出しやすいようにスペースに余裕を持っておくこと、よく整頓しておくようにします。

環境③ 自由時間

子どもたちが自分で活動を選ぶ「自由時間」とは

◆自由時間は「自分を深く知る」時間

「原宿子供の家」では、子どもたちが登園する午前9時ごろから昼食までの時間を**「自由時間」**としています。午後はみんなで集まり、集団で教具に触れたり、文化的な活動をしたり、または音感の時間を過ごして午後2時過ぎに降園するため、「子供の家」で過ごす時間の大半は「自由時間」ということになります。

自由時間というと休憩時間か何かと思われがちですが、そうではありません。子どもたちは登園後、身支度を終えると教具棚から**自分でやりたい活動を選んで、それぞれに集中して取り組みます。**あるいは、昨日途中で終わってしまった作品を自分の引き出しから取り出して続きをやることもあります。

「今日は何をしようかな、昨日友達がやっていた教具、あれは楽しそうだったから僕もやってみようかな」
「あれ、別の友達が使っているな、それならどうしよう。他の教具でおもしろそうなものを探そうかな」
「途中で終わった作品がなかったか引き出しを見てみよう。そうだった、やりかけの切り絵があるから、まずこれをやってしまおう」

子どもたちが「自分で選ぶこと」は、活動の重要な部分です。その日の気分やさまざまな条件に応じてひとつの活動を選ぶまでに、子どもは自分の頭でいろいろと考えています。

そうして、例えば「切り絵」という活動を選んだ子どもが次にすることは、必要な道具をそろえることです。

「ええと、まずはハサミが必要だな。切り終わったものを紙に貼りたいから、紙と糊も持ってこよう」

子どもは段取りを考えてハサミ、紙、糊を取りにいきます。必要な道具と材料が整ったところで席に着き、作業に没頭します。

もちろん作業している間もずっと頭を使っています。ハサミを持った右手、紙を握っている左手をどんなふうに動かせばきれいに切ることができるか、切り終えたものを紙の上にどのように構成して貼るか、糊をどの部分にどの程度つければしっかり貼り付けることができて、かつ余分な糊でベタベタになるのを避けることができるか、やりやすい方法を自分なりに考えて活動を楽しみます。こうしてできあがった作品は、同じ材料を使っていても子どもによってまったく違ったものになります。

作品ができあがったら、それを眺めてひとりで満足する子どももいれば、教師や友達に見せて回る子もいます。そのあとで作品箱に片づけるか、教師に頼んで壁に飾るかはその子次第です。活動が終わった後は机上に散らばった紙くずを集めてゴミ箱に捨て、道具を元の場所に戻します。

「自由時間」というものは、その内容を細かく分析してみるととても「深い」ものだと思います。**子どもたちを一斉に席に座らせて同じことをさせる教育のしかたとは、体験そのものが違っています。**

同じような切り絵を一般的な幼稚園でやろうと思えば、おそらくハサミや糊などの道具は全員分を教師があらかじめ用意しておくでしょうし、糊の使い方や切り絵の構成の仕方は教師がその都度説明するでしょう。子どもたちは教師の説明についていけるように一様に作業のスピードを合わせざるを得ませんし、納得いくまで切り絵の構成を考えている暇はありません。終わったあとの片づけも、もしかしたら子どもたちが外遊びに出かけている間に教師がやってしまうかもしれません。

これは一例に過ぎませんが、一斉教育では子どもが主体的に考えて行動する余地があまりにも少ないということがおわかりいただけると思います。

「子供の家」では、子どもたちは自分で考えて自分なりに楽しむ体験を積み重ねていきます。ひとつの活動を深めて自分なりの探求をすることもできますし、さまざまな活動に次々に触れて自分の世界を広げることもできます。その中から「好きなこと」や「あまり好きではないこと」「得意なこと」や「苦手なこと」も見つけていきます。

小さな子どものうちからこのような体験を繰り返し行うことによって、**自分というものをよく知ることができる**のです。

◆自分が「できること」「できないこと」に気づける

また、自分の能力に応じた活動を選んでいる子どもたちは、自分の「できること」と「まだできないこと」がよくわかっているという点でとても現実的です。わかっているからこそ、「もう少しでできそうなこと」にどんどんチャレンジして「できること」

を着実に増やしていくのです。
子どものころから自分を知る経験を重ねていくことは、その後の人生での進路や職業を選択するうえでもとても役に立つでしょう。高校生や大学生になってから「そもそも私に向いているものはなんだろう」と頭を悩ませることに比べれば、はるかに時間を有効に使えるのですから、これは大きなアドバンテージになるはずです。

もちろん「好きなもの」と「得意なこと」が必ずしも一致しない場合もあります。好きなものをそのまま職業にできればこれほど幸福なことはありませんが、誰しもそういうわけにはいきません。

例えば、芸術的なことが「好き」であることと「天性の才能や華がある」ということとは別です。芸術家になろうという希望があった子どもが、成長にしたがって残念ながら自分には向いていないと判断することがあるかもしれません。

それでも「好き」ならば、「芸術家をサポートする職業」につくという選択肢を選ぶこともできるわけです。

夢をかなえるためには、漠然と「こうだったらいいいな」と思うのではなく、具体的に「どうしたらいいいか」を考える力が必要です。**「自由時間」には、こうした現実的な力をつけるための可能性が秘められている**と思います。

環境④ 縦割りクラス

縦割りクラスの効能

◆異年齢の子どもとの生活が「社会性」を育てる

同じクラスで異年齢の子どもたちが生活する「縦割りクラス」は「子供の家」の特徴のひとつです。私の勤務する「子供の家」では**3～6歳の子どもが同じクラスで活動しています。**独立した2歳児のクラスもありますが、縦割りクラスの隣で活動しているので、朝の支度の手伝いを年長児が手伝いにくるなど交流が多く、縦割りの要素が取り入れられています。

日本では年齢別のクラスで保育を行うことが一般的なので、必然的に友達はみな同じ年齢という状況となります。

しかし、これはよく考えると不自然なことではないでしょうか。以前は、近所に住んでいる子どもたちが年齢に関係なく、自然に一緒に遊ぶことができた時代がありました。子どもたちはその小さなコミュニティから学ぶことも多かったはずなのですが、近年の都会ではなかなかそういった姿を見る機会も少なくなってきました。核家族化や少子化といった環境要因が子どもたちの生活を大きく変えており、日々の生活の中で触れ合う人々の数、年齢も狭まってきていることから、人との付き合い方を学ぶ機会が極端に少ない子どもも増えてきているように思います。

そんな環境のもとだからこそ、「子供の家」の異年齢の生活は子どもたちにとって社会性を育てる貴重な機会になっていると思います。縦割りのよい点をいくつかご紹介してみます。

縦割りクラスのよいところ

•「年下の友達」をサポートする

・「活動の見通し」が立つようになる
・「教える」ことで理解を深める
・得意な分野は「年齢に関係なく先に進める」
・「人と同じで安心」という感性は存在しない

◆「年下の友達」をサポートする

特に手伝う決まりになっているわけではないのですが、朝の支度では年長児が年少の子どもに名札バッチをつけてあげたり、お昼時にはお弁当の準備のしかたを教えてあげたりしています。外遊びに出かけるときには、交通ルールをすでに学んでいる子どもがそうでない子をリードして歩道を歩いています。自分が年少のときにお兄さんやお姉さんに教えてもらった経験があるので、当たり前に手伝ってあげるようになるのです。

兄弟姉妹のいない子どもにとっては、小さな子の世話というのは新たな経験です。小さな子というのは自分が最優先のふるまい、いわゆる自己中心的な行動をすることがあります。年長児はそういう態度を見ても、同年齢の子に対するそれとは違う対応ができます。「小さい子だからね、しょうがないね」と言って自分が少し我慢して相手に合わせることを学ぶのです。相手の能力の程度を推しはかって「ここはやってあげるね」といって上着のボタンをとめてあげるようなこともあります。

自分が相手の年齢だったときはどうだったかな？　そのときのお兄さんやお姉さんはどんなふうに手伝ってくれたかな？　ということをちゃんと考えられるようになるのですから、すごい成長です。**相手の気持ちをくみとり、相手のできることに合わせたお手伝いを通して、優しい気持ちや思いやりを育んでいます。**

◆「活動の見通し」が立つようになる

年少児は常に年長児の活動を見ているので、**そのうち自分もあの活動ができるようになるんだな、やってみたいなという目標（のようなもの）を持つようになります。**

普段、教室ではそれぞれが思い思いの活動を行っているのですが、子どもたちは周りのこともよく見ていて、友達がどんな活動をしているのかよく覚えています。

年長児が大きな紙の上に日本地図を作ったり、世界地図上のそれぞれの国の位置に国旗を貼ったりしているのを見ては「僕も地図(の活動を)できるの?」「やってみたい」と教師に言いにくる年少の子もいます。教師は「もう少しお兄さん(お姉さん)になったらできるよ」「まずこれをやってみようか」と、その子の能力に合った国旗のパズルなどを紹介することもあります。

生活面でも年長児は「頼れるお兄さん、お姉さん」として慕われています。昼ご飯の前に机を拭いてテーブルクロスを敷き、花を飾る当番活動など、異年齢の子どもたちが一緒に活動する場面では、年長児がリーダーシップを発揮して、みんなが仕事を分担していきます。年少児には雑巾の絞り方や机の拭き方を見せながら一緒に活動します。新学期になれば、年少児の下に小さなお友達が入園してきます。自分が教えてあげる立場になったときに、子どもたちは俄然やる気を出して、新しい友達に積極的に関わっていくのです。

◆「教える」ことで深く理解する

複数名で活動するときには、教具を使った経験のある年長児が年少児に教えながら活動します。年長児は自分で何度も経験していますから、当然人に教えることもできると思っています。

しかし「人に教える」というのは大人でも難しい技術です。「子供の家」でも伝え方が上手な子とそうでない子がいますが、上手な子は考えを言語化する能力が鍛えられています。下手な子の場合でも「言語化する力」は訓練でつけることができますから心配はいりません。**人に説明したり、伝えたりする機会を多く持てば持つほど上手になります。語彙も増えます。**

人に教えることの利点はもうひとつあります。**教えることを通して自らが深く習熟できる**ことです。当然ですが、自分があまり理解していないことは人に教えられません。人に教えようとして、初めて自分の知識に曖昧な点があると気がつくこともあります。わかっていない点を解消した結果、よりしっかりと理解できるのです。

年長児になるにしたがって、必然的に他人にものを教える機会が増えます。まれに保護者の方から「うちの子は小さい子のお手伝いばかりしているようなのですが、本人の活動に差し支えないのでしょうか」というお声をいただくことがあります。保護者の方の心配もわかりますし、やりすぎは禁物であるという点で、時に教師が助言をすることもあります。一方で「他人に何かを伝えること」は大きな成長の機会であることも知っていてほしいと思います。

◆得意な分野は「年齢に関係なく先に進める」

活動の分野（領域と呼びます）や進み具合はその子によって違います。毎日の活動は領域（日常・感覚・数・言語・文化の五つがある）ごとに用意されている中から、やりたいことを自分で選ぶようになっています。

どの分野も系統立てて用意されているので、例えば「数」ならば、「1」という数字を理解するためにおはじきをひとつ持つ体験を通して、数字と量とを一致させるところから始めて、活動が進めば掛け算や割り算を体験する教具まであります。

ひとつの教具の狙いはひとつに絞られており、ひとつ終えれば次の教具を試す準備ができるようになっています。これらの教具は、「３歳ならば適応する教具はこれ」という目安こそありますが、**理解が進んでいる子ならばどんどん先に進むことも可能です。**数字好きの子どもが先へ先へと進もうとするのを止める人はいません。３歳児が**「紡棒《つむぼう》」**と呼ばれる教具を使って、足し算や引き算をしている風景がごくごく自然に展開されているのです。

子どもがまだおもしろさに気がついていない分野においては、年齢の目安よりもやや遅れることもあります。しかし、どの分野においても同程度に興味や理解が進んだりすることのほうが不自然ですから、それでかまいません。教師はもちろん必要に応じてサポートをしますが、無理に隙間を埋めるようなことはしません。子どもの成長に凸凹があるのはごく自然なことだからです。

◆「人と同じで安心」という感性は存在しない

同じ教室で同じ年齢の子どもたちが同じ活動を一斉に行っている姿というのは、ある意味特殊な環境です。進む方向性や正解がひとつに決まっている条件下に長くいれば、人と同じ答えを得ることに安心感を覚えたとしても不思議はありません。

しかし、社会において同じような状況がどれだけあるでしょうか。

「子供の家」では、子どもがそれぞれの興味・関心にしたがって活動を展開しています。同じ材料を使って製作物を作ることもありますが、それぞれの個性がうかがえるような、「その子らしい」仕上がりになります。**人と同じような物を作る必要性はどこにもない**からです。

子どもたちが公園で拾ってきたドングリや木の実を使って、工作を行ったことがあります。教師はドングリをあらかじめ乾燥させておき、マテバシイ、シラカシ、アカガシ、クヌギ、コナラ、トチの実、まつぼっくりなどを種類別に分けて箱に入れておきました。

2歳児は、白い画用紙に色画用紙の枝と葉を貼り、その上に好きなドングリをボンドで貼りつけてとても素敵な秋の風景画を完成させました。

年中や年長の大きい子どもたちは、分類されたドングリのそれぞれの名前を図鑑で調べて、ノートに絵と名前を書いて自分だけの図鑑を作りました。そのあとはグルーガンを使ってドングリの動物や昆虫を作っていました。

同じ材料でも、それをどんなふうに使って楽しむかという点で正解はありません。教師は子どもの年齢や興味に応じた材料を用意したり、サポートをしたりして個々の造形活動が楽しくなるよう工夫をします。

一方で子どもたちは自分でおもしろい形を考えたり、友達の作品を真似たりしながら独創的な作品を作っていきました。そこには「人と同じで安心」という感性はありません。**人と自分は違って当たり前**なのです。

「○○ちゃんの作った怪獣かっこいいね！」「どうやって作ったの？」「よし、僕はもっとすごいのを作るぞ」と素直な気持ちを持っているだけです。

そういうことが活動の楽しさを「味わう」ということだと思います。誰かに指示をされてやっているときには「味わう」ところまではいきません。自分で考えて手を動かすからこその境地です。

環境⑤　五つの領域

子どもを成長させる五つの活動

◆敏感期をとらえて、「伸びる時期」を逃さない

生物は成長の過程で「ある特定の機能」を成長させるために「特別な感受性」を持つ時期があり、この時期を「敏感期」と呼ぶことをご紹介しました。

そして、敏感期にいる子どもは、誰に言われたわけでもないのに環境の中から特定の刺激にひきつけられることも述べました。

マリア・モンテッソーリは子どもたちと多くの時間を過ごし、行動を細かく観察することで人間に敏感期があることを発見しました。そして、敏感期に対応するさまざまな活動を用意しました。

モンテッソーリ教具には、敏感期のさなかにいる子どもたちが求める刺激が備えられています。時期が過ぎれば消えていってしまう感受性をうまくとらえて、好奇心を満足させる活動は、そのまま子どもを成長させる栄養となります。

ここからは、モンテッソーリ・メソッドの活動の5領域、

①日常生活の練習
②感覚
③数
④言語
⑤文化

について、それぞれの領域の目的と内容をご紹介します。

活動の5領域①

日常生活の練習

すべての基礎になる大切な土台 ～指先をたくさん使い、脳神経の成長を助ける

◆「日常生活の練習」で学ぶこと

私たちの毎日は、衣食住の積み重ねによって作られています。大人は日々の生活の中でどのように自分の筋肉を動かすのか、どう体を使えばよいかといった細かい点を意識することなく過ごしています。しかし、それらのすべてが子どもたちにとっては、たくさんの練習を必要とするものです。

子どもは、自分の体を動かしてみて、はじめは難しいと思うことでも、回数をこなすうちにごく自然な体の動きを身につけていきます。時には失敗をして、そこから学ぶこともあります。すべては実体験を積むことから始めるのです。

「日常生活の練習」は「子供の家」で最初に体験する活動です。この領域では、

- **日常生活に必要なあらゆる「動作」**
- **「身だしなみ」を整えること**
- **他者との関わり方**
- **社会のルール**

を学びます。

◆日常生活に必要なあらゆる「動作」

日常的な動作、例えば立ったり座ったり、ドアを開けたり、椅子を運んだりするためにまず必要なことは、体を大きく使って筋肉を動かしたり、体のバランスをとることです。

また、ピッチャーの中身をコップにあけて移したり、スポンジや雑巾を絞ったり、

容器のふたをひねって開けるなど、道具を使うためには、より細かい手や指先の洗練された動作を訓練する必要があります。

このような体の動きを覚えるために用意されているプログラムは、どれも実践的なものです。道具はすべて日常的によく使うものが用意されており、すべて本物を使用します。

例えば、子どもの手のひらサイズの小さなピッチャーの中に入っている豆を、何も入っていないもうひとつのピッチャーに移すという活動があります。豆が入っているほうのピッチャーの取っ手を握り、持ち上げてから手を内側に回転させるようにして傾けます。豆をこぼさないようにするには、持ち上げたピッチャーを握る手の力を調節してゆっくり動かさなければなりません。

初めての子どもにとって、これはなかなか難しい作業です。失敗すれば豆はこぼれてしまいますし、きちんと握る力のない子どもはピッチャーを落としてしまうこともあります。

日常生活の練習で使う教具「あけ移し」

陶磁器のピッチャーは、落としたり乱暴に扱ったりすると当然割れてしまうので、扱うときに慎重さや集中力を必要とします。

割れづらい素材の道具を用意してしまえばそんな心配はいりませんが、壊れやすいものを大事に扱うことも大切な訓練です。また、ある程度の重さがあるほうが安定するという利点もあります。

運悪く割れてしまった場合には残念ですが、それはそれで子どもにとって大切な学びになります。次回は割らないように注意すればよいのです。

その他にも、ひもに穴の開いた玉を「通す」、容器のふたを「ねじって」開ける、スプーンで豆を「すくう」、ハサミを使って「切る」、糊を使って「貼る」、糸と針を使って「縫う」、3本のひもを「三つ編みする」など日常的な道具を使った練習をしていきます。

子どもにとってこのような道具は日常のどこかで見たことのある、なじみのあるものです。自分の家にも似たようなものがあるかもしれませんし、お母さんが実際に使っているところを見たことがあるかもしれません。そういうものを自分で扱ってみようとするとき、**子どもはとても真剣になります。**こちらから強制しているわけではありませんが、「早くできるようになりたい」という欲求につき動かされるように、休むことなく次々と教具を棚から出しては練習していきます。

同じ活動を何度も繰り返すこともあります。

子どもの中でいったんブームが起こると、その日だけでなく次の日も、また次の日も同じ活動を選びます。子どもが園から帰宅する際、保護者の方に「今日はこんな活動をしました」と報告する内容がしばらく同じになる場合があります。
そうすると時々「うちの子は同じことばかりしているようですが大丈夫でしょうか」とご心配の声をいただくこともありますが、子どもは自分で「この活動はもうやり切った、もう習得した」という気持ちに達するまで、同じことを飽きずに続けることが多いものです。そして、十分に満足いったところで別のことへ興味が移っていったり、あるいはもっと高度な活動へとレベルアップしていきます。

実際「切る」という活動ひとつをとってみても、ハサミをしっかり握って刃を自在に動かすことができるようになるまでにはある程度時間がかかります。また、一番簡単な短い直線切りから始まって、慣れてきたら直線を長く切る、波線を切る、曲線を切る、複雑な形を切るところまでと考えれば、いつも「切る」活動をしているといってもその中身は同じではありません。

「日常生活の練習」を重点的に行う2~3歳の子どもたちは、ひとつの活動を繰り返し行う傾向があります。しかし「日常生活の練習」はすべての基本です。この後で他の領域へと活動を展開していくためには、「日常」をしっかり行っておくことが基礎固めになるので「繰り返し」はおおいに結構なのです。

◆「身だしなみ」を整えること

自分で身だしなみを整えられることは、自立への重要なステップのひとつです。また これは、**自分を肯定し、大切にすることにもつながります。**

子どもたちは毎日登園すると自分で外靴から上履きへと履き替えたり、コートをハンガーに掛けたり、カバンを所定の位置にしまったりして朝の支度を行います。そのこと自体がまさに「日常生活の練習」となりますが、これらをスムーズに行うための手助けとして、いくつかの教具が用意されています。

自分で服を着られるようになるためには、ボタンやファスナー、スナップといった金具類や、フック、マジックテープ、蝶結びのひもなど衣服についているものを扱え

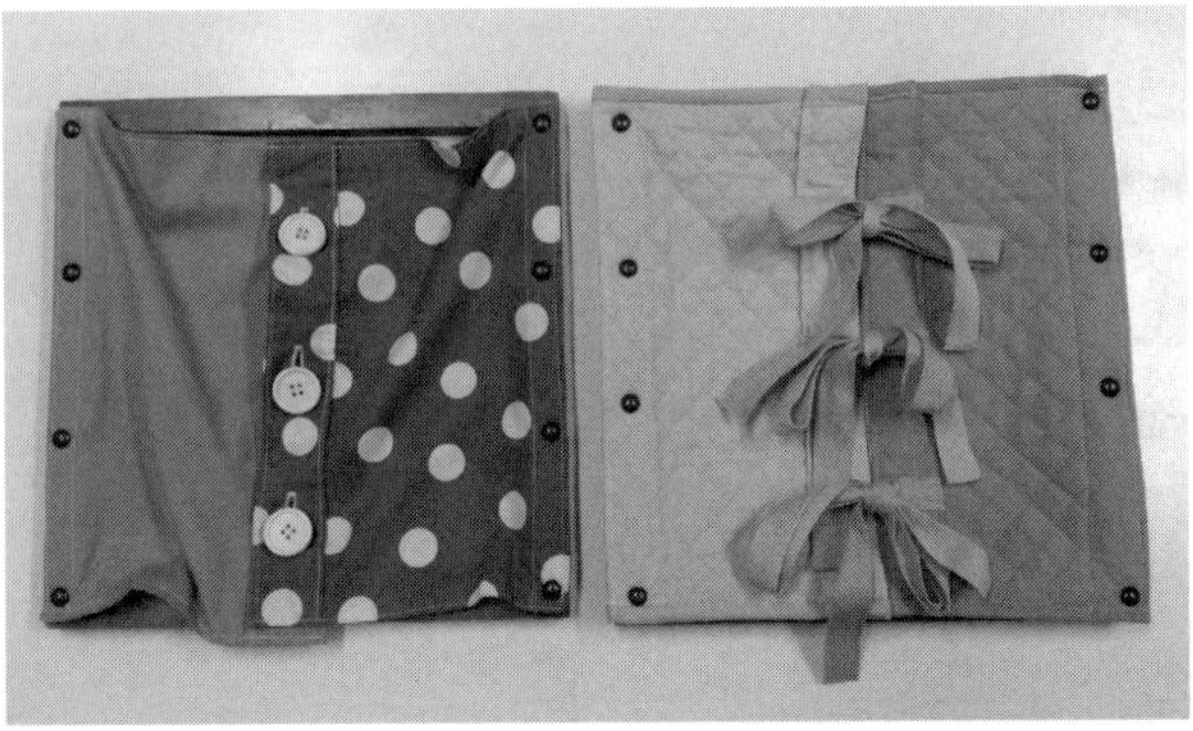

モンテッソーリ教具「着衣枠」

ることが第一段階です。

「着衣枠」と呼ばれる教具は、これらの扱いに慣れるための練習に用意されていま す。毎朝、子どもたちは自分の上着を脱ぎ、ハンガーにかけてコート掛けのところまで持っていきますが、入園したばかりのころはファスナーやボタンを自分でとめるのにとても苦労をします。

そんなとき、教具を使って繰り返し練習するうち、徐々に自分でできるようになっていきます。

そのほかにも髪の毛をとかして整えたり、靴をきれいにしたり、洋服をたたんだりといった練習も行います。

◆「他者との関わり方」「社会のルール」を学ぶ

自分自身のことだけでなく、**みんなが気持ちよく過ごせるように教室内の環境を整備する**ことも学びます。

例えば、机の上に飾られている花の水替えをしたり、食事の時間に自分の分だけでなく友達のお茶も用意してあげたり、雑巾を絞って机を拭いたり、動物の世話をしたりします。

こういった社会との関わり方を学ぶことも、日常生活の一部として子どもたちの活動に取り入れられています。

活動の5領域② 感覚

周りの環境を自分の感覚でとらえる力を培う

◆感覚を「洗練させる」活動

3〜6歳の子どもたちは、身の回りのものに対する知識や概念をまだ持ち合わせていません。このため自分の感覚を頼りに世界を理解しようとします。

環境の中にある色を見たり、音を聞いたり、形の違いを見分けたり、手で触れて感触を確かめたり、感覚を使って十分に感じることで、段々と周りのものを理解したり、知識を整理したりしていきます。モンテッソーリはこの時期を**「感覚を洗練させるための敏感期」**と呼んでいます。

例えば「りんご」という物体を知ろうとするなら、りんごを実際に見て、触れて、匂いをかいで、食べてみてという五感を使った体験が必要です。そうでなければ「これがりんごだ」という実感を得ることはできません。

一方で、テレビやスマートフォンといったメディアで提供される画像は今のところ2次元のものですし、そもそも実体はありません。小さな子どもにテレビを見せると、映っているものに手を伸ばして触ろうとします。しかしそこに期待する感触はありませんので、子どもの脳は混乱してそれ以上の学習は望めません。

大人の場合はすでに実物を知っていますから、画像からは得られない情報を自分の経験で補うことができますが、子どもの場合はそうはいきません。子どもにとってテレビから受け取る情報は実体を伴わないという点で不完全です。

小さな子どもにテレビを長時間見せないほうがいいというのはそういうことなのです。子どものうちには、テレビよりも自分の五感をたくさん使って感じることをしてほしいと思います。

◆抽象的なものの「概念」をとらえ、理解できる

モンテッソーリの**「感覚教具」**はこの敏感期の時期にいる子どもたちの要求に応えるために考案されました。感覚教具を通して、子どもたちが「色」や「大きさ」に代表される抽象的な概念をたやすく、正確にとらえられるように作られているのです。

例えば、「大きい」もしくは「小さい」といった大きさの概念は**「ピンクタワー」**という感覚教具を通してとらえることができます（183ページ参照）。

「大きい」や「小さい」という表現は、比較対象があって初めて成立するものです。私たちは普段意識していないかもしれませんが、ひとつの物体を見て「大きい」と言う場合、それは暗に他の物体と比べた結果として「大きい」と言っているわけです。

私たちがりんごを見て「大きいりんご」と言うときには、実際には目の前に比較対象となるりんごがなかったとしても、経験として知っている「一般的なりんご」の大きさに比べて「大きい」と言っているのです。

このように、比較対象なしに物を「大きい」と表現することはできません。この概念をとらえていない限り、私たちは大きさについて語ることはできないのですが、子どもにこうしたことを言葉でいくら説明してもそれは無駄な努力です。

なぜなら、子どもは具体的な物に触れ、その経験によって初めて概念をとらえることができるからです。

ピンクタワーのことは先に紹介しました。ピンクタワーは一辺が段階的に１㎝ずつ３次元に変化している10個の立方体で構成されており、最も大きい立方体の一辺は10㎝、最も小さい立方体の一辺は１㎝です。

教師が初めてピンクタワーに触れる子どもにやり方を示すときは、10個の立方体のうち最も大きいものと、次に大きいものの二つを子どもの前に置き、大きさを比較します。

教師が二つのうち大きいほうを手にとり、広いスペースに置きます。

手元に残った立方体と次に大きい立方体を再び比較し、大きいほうを先ほどの立方体の上に積みます。これを繰り返して大きい立方体から小さい立方体へと10個積み上げていくと規則性を持ったタワーができあがります。

初めて行うときには子どもが概念に気がつく前なので、まだ「大きい」という言葉を使わず、黙って見せます。

子どもがそれぞれの立方体に触れていくうち、すべて大きさが違うということに気がついていくまで、大きいものから横に順に並べたり、縦に積んだり、段階的な変化を繰り返し感じながら「大きさ」という抽象的なものに親しみます。

目の前に置かれているのはすべて立方体だけれど、唯一違っている点が「大きさ」であるという経験を十分に積んだ後、「大きい」「小さい」という言葉を紹介していきます。

二つの立方体を目の前に置き、教師が小さいものを指して「これは小さい」大きいほうを指して「これは大きい」と紹介します。

子どもは教師に続き、大きな立方体を触りながら「大きい」、小さい立方体を触りながら「小さい」と口に出して感覚と言葉を一致させていきます。このように子どもが実際に経験したことと言葉をつなげていくことで、子どもは「概念」をとらえて自分の内面に吸収していくのです。

同様に**「茶色の階段」**という教具では2次元の変化である「太い」「細い」という太さの概念、**「赤い棒」**では1次元の変化である「長い」「短い」という長さの概念をとらえていきます。

◆違いを「認識」し、知識を「整理」する

感覚教具には色彩を題材にしたものもあります。裁縫箱に入っている糸まきのような形をした**「色板」**という教具です。

色板には赤、青、黄の3色で構成されているものから11色で構成されているもの、さらに9色のグラデーションを見分けるものまで、いくつかのバリエーションがありますが、いずれも視覚を使って色の違いを認識するためのものです。

モンテッソーリ教具「11色の色板」

同じ色の板を二つ探して対応させる、わずかな色の違いに気がついて濃淡の順に板を並べるなどの活動をしますが、ここでも実際の色に十分に親しんだあとで、色の名称を紹介していきます。

色の名前は改めて紹介するまでもなく、すでに子どもが知っている場合もありますが、だからといって意味のない活動にはなりません。

知っている知識を整理しなおすことで、頭の中にバラバラに蓄えた知識に秩序をもたらすことができるからです。

知識を整理するのは、ちょうど部屋に散らばった本を棚に整理して収納することと似ています。どこに何が入っているのか明確になれば、必要なときにすぐに取り出して使えるようになります。知識も種類別にそろえて、順番を整理して体系化することによって、より使い勝手がよくなります。情報が秩序だって整理されると、精神的にも安定します。そして、すっきりした頭で活動すれば、自然に活動の能率も上がっていくのです。

◆「段階づけ」「対応づけ」や「分類」など、論理思考の基礎を知る

段階的に変化するものをとらえる（段階づけ）、同じもの一致させる（対応づけ）、同じ特徴を持つものをグループ分けする（分類）という行動は論理的に考えるための基礎として必要なことです。ここでは論理思考について詳しく述べることはしませんが、ビジネス書などでクローズアップされている「論理的な考え方」は大人になってからあえて学ぶと難解なものですが、子どものうちから慣れてしまえば自然に身につくものです。

モンテッソーリ教具「2項式の立方体」

先に紹介したピンクタワーや色板は「段階づけ」「対応づけ」の代表例ですが、感覚教具には同じ特徴を持つものを「分類する（グループ分けする）」ことを目的とした教具もあります。

「2項式の立方体」「3項式の立方体」と呼ばれる教具は代数の基本中の基本を教具化したものですが（子どもの活動においてはそれを意識することはありませんが）、赤、青、黄または黒に塗り分けられたブロックを、「赤の仲間」「青の仲間」「黄の仲間」などとグループ分けするところから活動が始まります。

なお、「段階づけ」などの用語は教師が意識すべきことなので、子どもに教具を紹介するときに説明することはありません。

感覚教具を通して自然のうちに初歩的な論理思考の訓練を積んだ子どもたちは、徐々に活動を高度なものへと発展させていきます。次にご紹介する「数」の領域は、感覚教具の持つ論理的な面を基礎としています。ですから、「感覚」に親しんだ子どもはいずれ「数」の世界へ自然に移行できるようになります。

活動の5領域③ 数

数字と量の一致から掛け算まで
～論理的思考を育てる

◆抽象的な「数」を理解するために考えられた教具

子どもたちはごく小さなころから、無意識のうちに数的な事柄に触れています。「今日は○月△日」「次の誕生日がきたら○歳になる」「前より背が伸びた」「お姉ちゃんの靴は私のより大きい」といった具合に日常的に目にしたり、聞いたりしているものです。

このような経験を重ねているうちに、子どもたちは数という抽象的な事柄について関心を持つようになります。感覚教具で抽象的なことへの理解を進めてきた子どもたちは、すでに次の段階に進む準備ができています。

日ごろの観察を通して子どもたちの理解の度合いがわかっている教師は、ちょうどよいころ合いを見計らって**「数の教具」**を紹介していきます。

子どもは自然な興味に従って数の教具を取り出し、机に運んできます。

「数」というものは実際には存在しない、抽象的な概念です。1という数字は私たちの理解の上では存在しますが、手に触れて存在を確認できるものではありません。

私たちは日ごろ、何の疑問もなく当たり前に1、2、3……という数字を使っています。しかし子どもにとっては単なる記号に過ぎず、それが何を意味するのか、どうして1の次は2で、どう違うのかわからないことだらけです。

このように抽象的なものを理解するには、子どもが感覚器官で触れて、確かめられる教具が助けになります。

感覚教具を使って子どもが物の概念をとらえていったように、**数という抽象概念も感覚を使って、教具に触れることが理解への近道になる**のです。

モンテッソーリの数の教具の特徴に、すべてが数学的な構造を持っていることが挙げられます。用意されている棒やビーズには、具体的な数字は書かれていません。しかし正確な長さや分量で作られていて、規則的な変化をするようになっています。

数の領域で、最初に提供する教具**「数の棒」**は、10㎝ずつ長さが変化する10本の棒で構成されています。一番短い棒は10㎝、最も長い棒は1ｍです。1から10までの「量」を感覚的にとらえ、「数字」と「一致」させていくことを目的に作られています。

1とはどういう量であるか、2とはどういう量か、3とは……。これを感覚的に子どもに伝えるため、「1の棒」は10㎝、「2の棒」はその倍の20㎝、「3の棒」は30㎝と規則的に長さが変化します。

棒は10㎝ごとに赤と青で交互に塗り分けられています。1の棒は赤1色ですが、2の棒なら最初の10㎝は赤、残りの10㎝は青で塗られています。これは子どもの理解を助けるための工夫です。

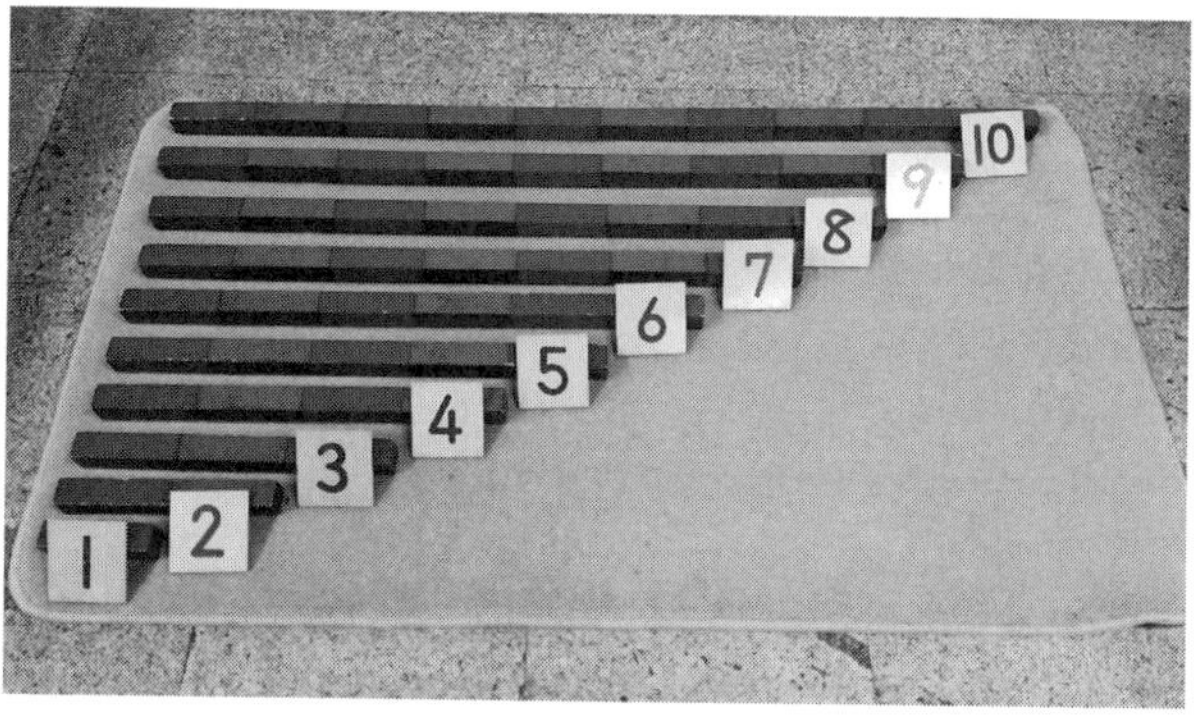

モンテッソーリ教具「数の棒」

数字が大きくなれば、棒の長さも長くなります。数字の変化に対応して教具の大きさも変化していく、ここが重要です。数の概念を「教具化」したものを、子どもが実際に触れてみる。このことによって「１」や「２」がどんな量なのか実感できるからです。

長さ10㎝の「１の棒」は子どもにも運びやすい長さですが、１ｍの「10の棒」は子どもの身長よりも長いかもしれません。子どもは長い棒を教具棚から運ぶうちに「10」の量を実感として感じ取ります。

初めての子どもには、教師が「１の棒」を持ち、「２の棒」の上に乗せて見せます。

「1の棒」は10㎝、「2の棒」は20㎝ですから、ちょうど2倍の長さです。これを利用して、子どもに1と2の関係を知らせます。「1の棒」を「2の棒」の左端、赤で塗られた部分にきっちり合わせて「1」と数えます。

次に1の棒を2の棒の右側、青で塗られた部分にきっちり合わせて「2」と数えます。「2」とはつまり、「1」の二つ分であるということを、口には出さずに教具を使って見せているのです。

2の棒について理解したら、同じやり方で「3の棒」を数えてみます。「1の棒」で「3の棒」を数えて、「3」は「1」のちょうど三つ分という体験します。続けて「10の棒」まで繰り返します。

子どもは秩序正しくあることにとても忠実ですので、教師が見本を見せるときも、1の棒を数える棒に対してきっちり正確に合わせて数えなければなりません。

「1の棒」を手渡すと、子どもはとても几帳面に棒を扱います。10㎝ごとの区切りに棒をぴったりと合わせながら「1、2、3、4、5……」と数えていきます。大人から見

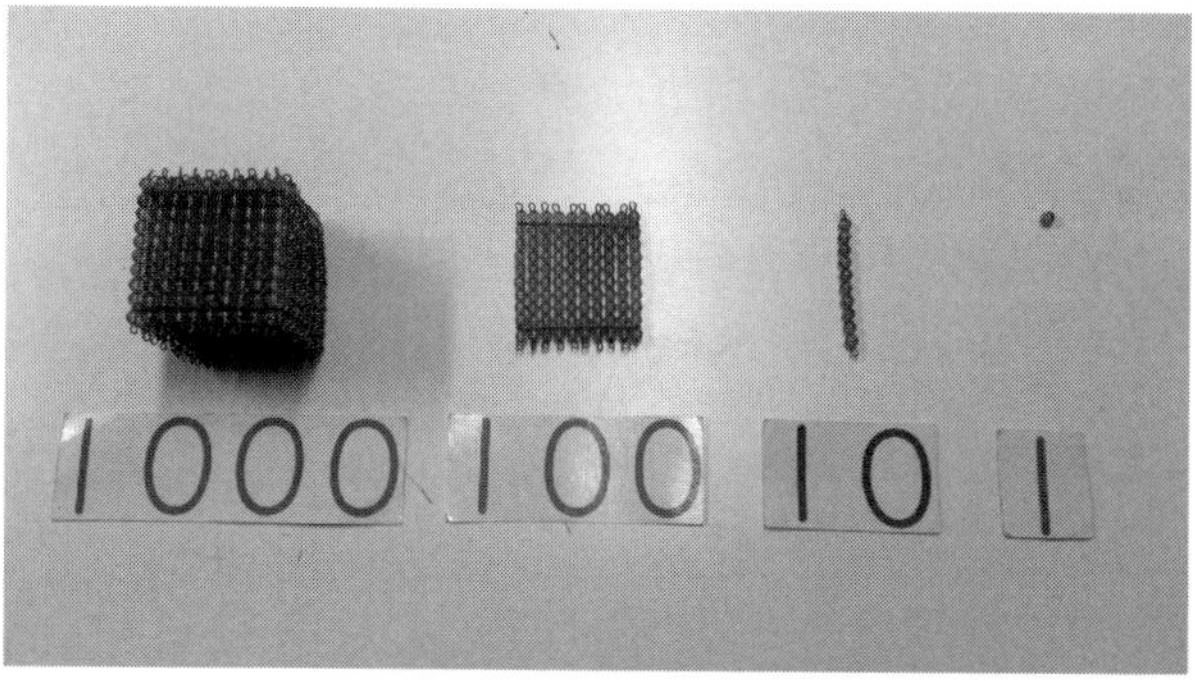

モンテッソーリ教具「1、10、100、1000の金ビーズ」

れば、ただ単に数を数えているだけの活動ですが、子どもは飽きもせずに繰り返します。何度も何度も数えることで、数との交流を深めているようにも見えます。

◆理解が進むと、教具は「小さくなる」

教具の大きさが量への理解を助けるもうひとつの例として「数の棒」のあとに登場する**「金ビーズ」**があります。「1」「10」「100」「1000」の量の違いを体験する教具です。「1」のビーズは、ちょうどイクラ一粒大です。「10」は「1」のビーズを10個つないで棒状にしたもの。「100」は「10」のビーズを10本つないだ板状のもの。

「1000」は「100」のビーズを10枚重ねた立方体状のビーズです。子どもはそれぞれのビーズに触れ、違いを感じ取ります。

そして「10」は「1」のビーズ10個でできていて、「100」は「10」のビーズ10個でできていて、「1000」は「100」のビーズ10個でできていることを知るのです。

「数の棒」や「金ビーズ」のように「数」と「量」とを一致させることを目的とした教具は、初めての子どもにわかりやすいように大きく作られていますが、理解が進んだ子ども向けの教具は徐々に小型化していきます。完全に数の概念を習得して足し算や引き算をするころには、卓上サイズになります。

また、「数の棒」は、量に比例して大きさが変化するという特徴を持っていましたが、このしくみを体得した子ども向けの教具は「1」であろうと「1000」であろうと同じ大きさです。子どもはもはや教具の大きさという助けを借りなくても、量を想像できるようになるからです。

理解の段階にあった教具で活動することによって、子どもは自然に抽象的なものへの理解を深めていきます。**数との交流を楽しむうち、年長になるころには1000の位の足し算や引き算、あるいは簡単な掛け算や割り算を行うようになる**のです。

活動の5領域④ 言語

コミュニケーション能力を養う

◆「書く」「読む」「文法」の順で学ぶ

子どもは敏感期の作用によって、無意識のうちに言語を吸収します。モンテッソーリ・メソッドの**「言語」**のプログラムはこの敏感期にそって作られています。人間が言語を獲得するプロセスについては第2章でご紹介しましたので、ここではモンテッソーリの言語観とプログラムの流れをお話ししたいと思います。

モンテッソーリは言語を「文明を決定するもの」であり、「超自然の創造物」であると定義づけています。

言語とは他の動物にはない、人間だけの創造物です。言語があるからこそ、人間は気持ちを表したり、自分の考えをまとめたり、お互いの意見を交換したり、記録を残すことができます。人と人とが調和を保ち､互いを理解することができます。そして、それらが積み重なったものが文明や文化なのです。

人間には無意識に人の言葉にひきつけられ、自らの中に言葉を蓄積していく時期があります。誕生から2歳ごろまでは「無意識」にこの作業が行われているのに対して、2歳半から6歳までの時期は「意識的」に言葉を覚えていく時期です。

「言語」のプログラムはこの「意識的」な時期に対して働きかけるもので①**「書く」**、②**「読む」**、③**「文法」**の順に提供されます。

◆「書く」ことが「読む」ことよりも先である理由

文字を「読む」ことより「書く」ことを先に始めると説明すると、不思議に思われる方もいるでしょう。

文字を書こうと意味のない線をただ書きなぐっても、「書いている」ことに変わりありません。しかし、「読む」となると、ことは単純ではありません。単に文字を「(音として）読める」ことと「意味がわかる」ことはまったく別ものだからです。「読める」というのは「読んで意味が理解できる」ことです。そういう点で**「読む」ことは「書く」ことよりも高度な技術**なのです。

このような理由で、モンテッソーリ・メソッドの「読む」活動はおのずと「書く」活動より後に提供されます。

◆「書く」活動を行う

大人は普段なんの苦労もなく自然に文字を書いていると思いますが、初めての子どもにとって「文字を書く」のはとても難しい動作です。

「文字を書く」動作を細かく分解してみると、**〈1〉鉛筆を手に持ち、〈2〉目と手の**

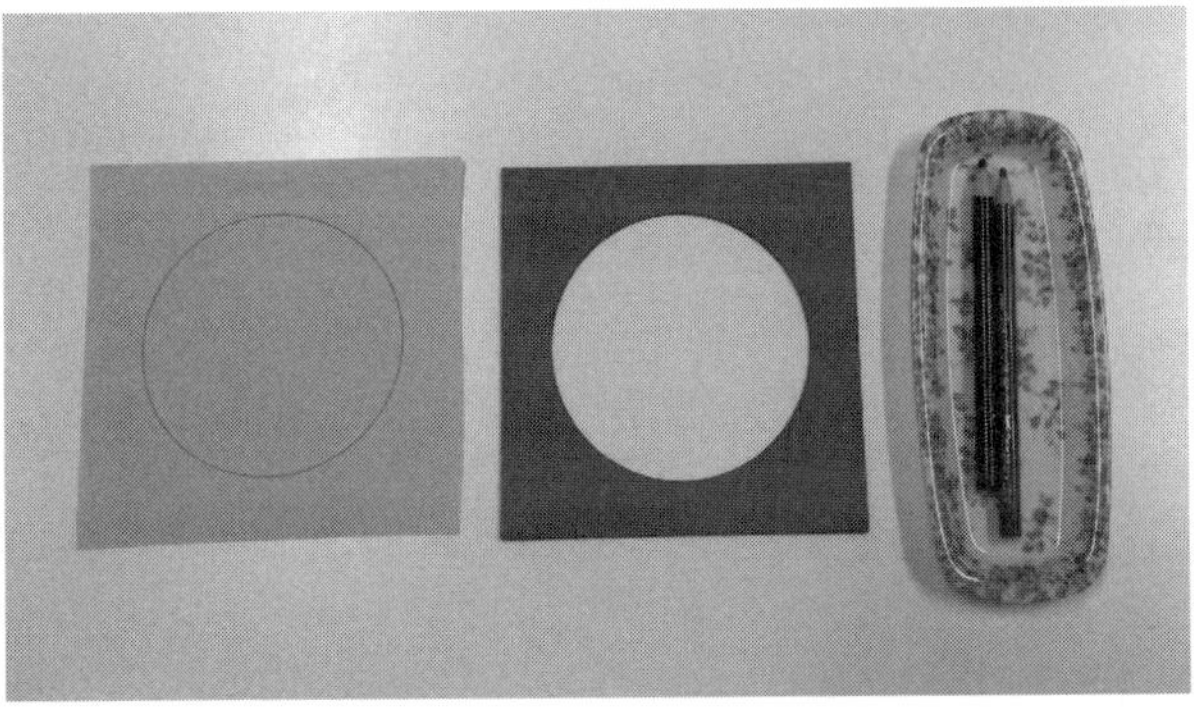

モンテッソーリ教具「鉄製図形」

動きを協応させて、〈3〉意味のある文字を書く、というように分けることができます。

子どもが「書く」ことを段階的に、少しずつ習得できるように、モンテッソーリ・メソッドではそれぞれの段階にあった活動を用意しています。

言語のプログラムで、一番はじめに提供される**「鉄製図形」**という教具を使って行う活動は、鉛筆を正しく持ち、適切な筆圧をかけて書くための準備運動です。

教具は1辺が10㎝の正方形の鉄の板で、

真ん中に「円」「楕円」「正方形」「長方形」「台形」などさまざまな図形がくり抜かれています。これを同じ大きさの紙の上に置き、鉛筆で枠をなぞることで図形を描くことができます。

子どもは片方の手の3本指で鉛筆を支えて持ち、もう片方の手で紙に乗せた鉄製図形を動かないように押さえて、図形を描きます。

教師は鉛筆の持ち方をやってみせてから、最初のうちは手を添えて子どもと一緒に図形を描きます。

子どもが慣れないうちは鉛筆を手全体で握ってしまうこともありますが、その持ち方ではうまく鉛筆の先をコントロールすることができないので、きれいな図形が描けません。

子どもができるようになるまでにはしばらくかかりますが、繰り返すうち、鉛筆を正しく持ち、筆圧をかけて、思いどおりの線を描けるようになります。

〈2〉の「視覚と手の動きの協応」と〈3〉の「意味のある文字を綴る」についても活動が用意されています。内容はここでは割愛しますが、言語のプログラムも他の領域と同様に体系的に考えて作られているということが重要な点です。

ある動作や能力を習得するまでの過程を細かく分析して活動に落としこむことによって、子どもがステップごとに学べるようになっているのです。

◆「読む」活動を行う

「読む」のプログラムはひらがなの単語（主に名詞）を読むところから始めますが、「読む」とは「読んで意味を理解する」ことですから、「音として」読めただけでは意味がありません。

「こま」という文字の「こ」と「ま」を発音できても、実物の「こま」を知らなけれ

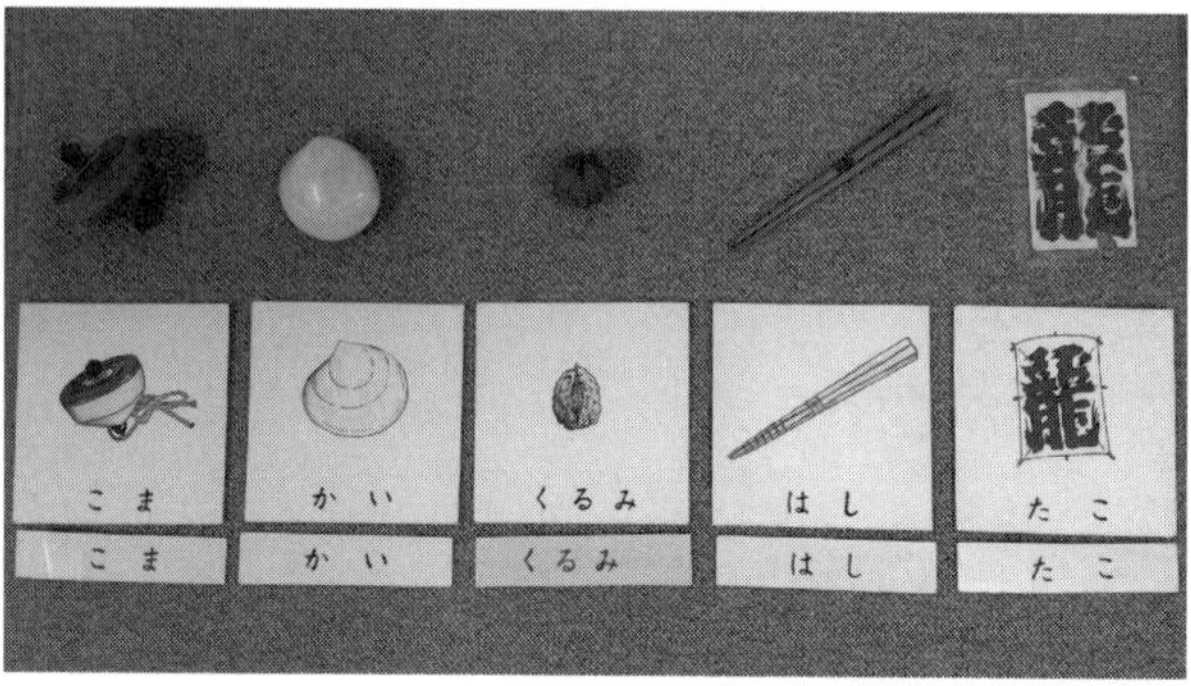

モンテッソーリ教具「シンボル合わせ」

れば意味がわかったことにはなりません。

ですから、言葉と実物とを一致させる必要があります。

「シンボル合わせ」は、まさにこの段階の子どもに適した教具です。

「こま」「はさみ」「くるみ」「かい」などいくつかの「実物」と「実物そっくりの絵とひらがなの文字が描かれたカード」と「ひらがなだけのカード」の三つを合わせます（一致させます）。

教師は最初に実物を見せて「これが『こま』です」と紹介します。すでにこまを見たことがある場合もあれば、初めての場合もありますから、子どもの状態にあわせて話します。「見たことはある？」「どうやって遊ぶものか知っている？」「そう、お正月におじいちゃんと一緒に遊んだのね」という具合です。

子どもが十分に「こま」に親しんだところで、二つのカードと一致させます。ひとつめは「こまの絵の下にひらがなで『こま』と書いてある」カードで、もうひとつは「ひらがなで『こま』と書かれているだけの」カードです。通常はそれぞれを「絵と文字のカード」「文字のカード」と呼びます。

子どもは「これとおんなじ！」と楽しんで実物とカードを合わせます。これが**実体験と文字とを一致させる**プロセスです。

◆「文法」の活動を行う

ひととおり「書く」ことと「読む」ことができるようになった5歳ごろ、ついに「文法」の紹介を始めます。文法では、「名詞」や「動詞」など品詞の名称も教えます。

始めるのは子どもにとって最も親しみのある身の回りのものの名前、つまり「名詞」からです。次に名詞を修飾する「形容詞」、さまざまな動作を表す「動詞」、それから「副詞」や「助詞」を紹介し、最後には正しい日本語の文章を綴れるところまで到達します。

子どもたちが体験から文法を学べるよう、ここでも提供の仕方に工夫があります。動詞を学ぶときには、子どもたちと**ジェスチャーゲーム**を楽しみます。はじめに教師が動作を見せて、何をしているところか当ててもらいます。

先生は「すわる」「立つ」「歩く」「笑う」「泣く」……。さまざまな動作をしてみせます。教師がひととおり見せたら、今度は子どもたちが順番にやってみます。ゲームを楽しんだあと、これらはすべて「動詞」というものだということを伝えます。

このころの子どもの記憶力はまさにスポンジが水を吸うような状態で、覚えたそばから新しい単語を口に出しては、爆発的に語彙数を増やしていきます。とめどない知識欲を満たすには、教師よりも、棚に用意されているたくさんの教具のほうが頼りになるようです。言語の活動を一度「楽しい」と感じた子どもは、次々に棚から教具を出しては新しい言葉を覚えていきます。

◆名詞を「カテゴリー」でくくり、思考力の助けにする

私たちの身の回りにはさまざまな名詞が存在します。

存在するすべてのもの、ありとあらゆるものに名前がついているため、部屋の中を少し見渡すだけでも膨大な量の名詞があることに気づきます。それらを一つひとつ理解するだけでも労力がかかりますが、頭にとどめておくのはさらに大変です。

頭の中の情報を整理して蓄える、そのことをより簡単にするために人間はすばらしい発明をしました。それが「カテゴリー化（範疇化）」です。同じ仲間をひとつのカテゴリーにくくるという作業です。

例えば「りんご」というものはどんなカテゴリーでくくることができるでしょうか。

「たべもの」「くだもの」「実」「丸いもの」「赤いもの」……たくさんあります。こういったカテゴリーにくることで、子どもはそれまでよりも加速度的に情報量を増やすことができるようになります。

もっと進んだ段階ではカテゴリーをさらにツリー構造化していくことを行いますが、モンテッソーリ教具では**同じカテゴリーの名称をまとめて紹介するなど、子どもが頭の中を整理できるようなしくみを意図的に提供しています。**

活動の5領域⑤　文化

身の回りの世界を知る
～自然科学、社会科学（地理）、人文科学（美術、音楽、宗教）

◆「体験」をもとにして考える

「文化」の領域では、科学をテーマとした活動が中心となっており、プログラムの性質や活動方法がその他の四つの領域とは大きく異なります。

そして、私は、この領域の活動こそがモンテッソーリ・メソッドの真骨頂であり、「子供の家」の卒園生が「小・中学校の理科、社会科のほとんどが驚くほど知っていることばかりだった」とアンケートに回答しているのは、この「文化」の活動があったことが大きいと考えています。

もちろん、「文化」の活動はこれまでの四つの領域が下準備としてなっているものですから、「文化」のみを切り出して学ぶというわけにはいきません。四つの領域での積み重ねが「文化」の活動につながっており、必然的に活動の対象年齢は年長児が中心となります。

5〜6歳の子どもたちには、それまでの成長過程とは異なる特徴があります。

心理学的には、人格形成の段階において意識が自分の内側から外側へと向いていきます。身の回りの物事に関心を持ち、何かと理由を知りたがるのです。**すべての事柄について「これは何？　なぜ、どうして？」という疑問を持って、探求しようとする時期**です。

また、**善と悪とを区別する道徳心の芽生えが起こり、自分自身で物事を判断したいという精神的独立への要求が高まる時期**でもあります。

行動面では、複数の友達とグループで活動することができるようになります。

例えばリーダーとそれに従うものという関係で集団を作ったり、ルールのあるゲームを楽しんだりするなど社会的な興味が芽生えてきます。「子供の家」では、友達同士複数名で役割を分担してひとつの活動を展開できるようになる年ごろです。

このような心理学的、社会的興味と精神的な鋭さを持つ年ごろの子どもたちにちょうどよいのがこの「文化」の領域の活動です。

子どもがあらゆることに興味と疑問を持ったとき、教師はその問いに対して科学的にシンプルに答えるようにします。

文化の活動を提供するときに大切なことは、**すべての事象は独立して起こっているものではなく、関連性があることを意識的に伝える**ということです。

生物について話すときには、まず自然界の全体像を教えたあとで徐々に細部を伝えていきます。生命の起こりから進化の過程を大まかにとらえるところから始まって、古い出来事から順を追って紹介していくのです。

このことによって、子どもは自然の生き物のつながりを知り、自分もまたその一部であることを知っていくわけです。

人間は生き物の大きな流れの中にいて、ほかの動植物と共存、協調して生きています。そこで大切にすべきことは、人間は単独で存在しているのではなく、周りの自然や環境と調和して生かされていると知ることです。

人間が生きていくために必要なものは、実は自然からすべていただいたものであるということ、だからこそ周りの環境との関係を知って大切にしていかなければならないことを子ども自身が体験を通じて感じていけるように、文化のプログラムは提供されていきます。

ここでも**重要なことは「体験をもとに」という点**です。

他の領域と同じように、「文化」の活動もまた子どもたちの体験に根ざすものです。

ただ単に図鑑やテレビで見たことをまとめるだけでは体験とは言えません。子ども自身が日々生活している環境の中でできることを探して提供していくことが重要なのです。

ですから**「文化」の活動として提供される題材は、地域によって変化する**ものだと思います。私の勤務する「子供の家」は関東圏、東京の中でもとりわけ都会の渋谷区にあります。周辺には決して自然がたくさんあるわけではありませんが、それでも工夫の仕方ひとつで自然とふれあうことができます。

教室の中で花の構造について詳しく調べて、さまざまな葉の形について学んだあとには、近くの公園に同じ形の葉を探しに出かけます。子どもたちは公園中を走り回ってさまざまな葉を拾い集めてきます。そうしてまた教室に戻っては、形ごとに分類します。種類別に紙に貼ったり、友達と交換してみたり、時には葉を組み合わせて絵を構成したりして楽しみます。

「文化」の領域で提供されるプログラムのうち、代表的な「時」「地球、地理」「生命」

について紹介しましょう。

◆「時」のプログラムで行うこと

「時間」というものは目に見えるものではなく、直接触れて感じることができない抽象的な概念です。

子どもにとって「今」起きていることはわかりやすいものですが、「過去」に起こった出来事や「未来」に起こるかもしれないことをイメージするのは難しいものです。そこで、「時」の教材ではこのような**過去・現在・未来の時の連なりを目に見えるように年表状に提供する**ことで子どもの理解を助けています。

登園時に毎日スタンプを押している出席カードを1年分つなげて時の経過を感じてみる、自分が生まれてから現在までの簡単なアルバムを作ってみる、西暦、紀元前、紀元後という時の連なりを年表や長いリボンなど実際に「長いもの」を使って紹介してみる、というように時の流れを目で見えるように工夫をし、子どもたちに「時」の概念を伝えていきます。

◆「地球、地理」のプログラムで行うこと

子どもたちにとっては、自分が生活している地域が世界のすべてです。しかし、**「実際の世界とは実はもっと広いものである」**ということを具体的な体験として伝えていきます。

地球の紹介は、宇宙の始まりがどのように起こったか、創造の歴史から始めます。何もない暗闇からビッグバンが起こり、地球が誕生します。地球の次に、太陽とその仲間である太陽系の惑星を紹介します。そして、地球もまたその一つであるということを地球儀や、惑星の模型を使って体験します。太陽系の惑星は太陽の周りをまわることで季節があることや、気候の発生を学び、宇宙の理解への糸口作りをします。

地理についてはまず日本について学びます。

日本地図を使って、自分の住んでいる場所とそのほかの地域を紹介し、気候や風土などの特色を調べます。その後は世界地図を使って、さらに広い地域のことを調べていきます。子どもたちの興味に応じて、国旗や民族衣装、どんな動物がすんでいるかといった特色を調べるなどの活動を広げていくこともできます。

◆「生命」のプログラムで行うこと

この世に暮らしている生物はそれぞれが自分自身のために活動していますが、実は結果的に地球の他の生物のために役立つ存在です。

ミミズが土を食べることは、植物が育つのによい土壌をもたらしてくれることになりますし、海の微生物は海中の栄養素を分解して海水の浄化に貢献しています。植物は光のエネルギーを蓄えることによって二酸化炭素を分解して酸素を生み出し、動物は呼吸によって酸素から二酸化炭素を生み出しています。すべての活動は、独立しているように見えて実はつながっていて循環しているものです。自らが生きるためにしていることは、無意識のうちに他の生物の生活に貢献しています。そのおかげで自然界には調和がもたらされ、宇宙の秩序が保たれているのです。人間もこうした自然界の恩恵を得て生きている生き物であり、なんらかの役割を果たすことが求められます。

生命の教材を通して、子どもたちは**「生きるとは」「命とは」という大きなテーマに触れ、考える機会を持ちます。**

私たちがなぜ生まれてきたのか、どう生きて何ができるのか、自然界の一員としてどんなふうに役立つ人間になれるのか、こうしたことを考えることのできる人間を育てることが「生命」について学ぶ目的であると言えるでしょう。

「文化」の領域の活動は、これまでのプログラムの集大成です。「日常」「感覚」「数」「言語」で学んだ基礎的な体験、知識は実生活を生きる上で必要なものです。

しかし、もっと重要なことはそれを何に活かしていくか、どんな人間を目指すべきなのか、それを子ども自身で見つけていくためのさまざまな材料を提供するのが「文化」です。

この活動では、人間が時間的に、地理的にどのような立場で過ごしているのか、また自然界ではどのように他の生物と共存していくべきであるかを知り、未来の世界を考えるきっかけを提供しています。

◆「学術用語」に触れる

「文化」の活動では、たくさんの学術用語や専門用語に触れる機会があります。

植物について学ぶときには花、種、実、根の構造などを詳しく調べていきますが、それぞれの部位を細かく見ようとするときは、単に「花」という大きなくくりの言葉だけでは足りません。こういう時には「花弁《かべん》」「花柱《かちゅう》」「柱頭《ちゅうとう》」「葯《やく》」「子房《しぼう》」といった、普段は使わないような学術用語を使って紹介していきます。

年長児くらいになるとこうした難しい言葉にも興味を持つようになり、新しい言葉を嬉々としてノートに書いて覚えるようになります。

公園に出かけると、昨日までは「はなびら」と言っていたものを「花弁」と呼んだり、名前も知らなかった部位のことを注意深く観察するようになったりします。**難しい言葉は、時に子どもの興味を広げることの助けになる場合がある**のです。

学術用語は大人にとっても難しいものです。時には教師が知らないものもあります。子どもが見つけて来た草花や木の実の名前がわからないときは、子どもと一緒に調べてみれば、大人にとっても新しい知識の吸収につながります。毎年同じプログラムを提供しているようでありながら、その年の子どもの興味によって教師の経験も変化することが、現場の楽しみでもあります。

モンテッソーリ園を選ぶ際のチェックポイント

保育園、幼稚園、子供の家、塾など……モンテッソーリ・メソッドを取り入れている施設はさまざまですが、どんな点に注目して選ぶのがよいのでしょうか。

気になる施設を見つけたら、説明会や見学会などで施設を見て、先生の考え方などを聞いてご自身の希望している内容かどうかを知ることが第一歩だと思いますが、その園がどの程度しっかりとモンテッソーリ・メソッドを実践しているか、これを知るうえでポイントになるのは、ひとつは子どもたちの**「自由時間」がどれくらい確保されているか**という点です。

モンテッソーリ・メソッドでは、子どもが自ら選んだ活動にしっかり集中する時間が重視されていますが、仮に「週に○回」「午前中の○時間だけ」モンテッソーリの時間があります、というように限定的に導入されている園があったとしたら、その施設は「モンテッソーリ・メソッドの一部を取り入れた施設」の可能性があると思います。保育園と幼稚園では保育時間が異なりますので一概には言えませんが、最低でも2時間以上の連続した自由時間は欲しいと思います。

また**「ディプロマ」（免許状）を持った教師が配置されているか**という点も重要です。ディプロマを持っている教師は幼児の発達過程への理解や、いかに子どものサポートをするかという理論に加え、モンテッソーリ教具の具体的な提示方法を学んでいます。

ここでいうディプロマとは、1929年にモンテッソーリ自身が設立した国際モンテッソーリ協会（AMI＝Association Montessori Internationale）に認定された教師養成コースを卒業することで得られる教師資格のことで、0〜3歳、3〜6歳、6〜12歳と子どもの年齢によって細分化されています。

日本で資格を取得できる養成コースもいくつかあり、幼稚園や保育園など幼児施設で働く教師の場合は3〜6歳向けのディプロマを取得しているのが一般的です。教師全員がディプロマを取得しているところもあれば、クラスにひとりディプロマ保有者が配置されているところなど施設によりさまざまだと思いますので確認してみるといいでしょう。

第5章

小学校以降のモンテッソーリ・メソッド

小学生以降のモンテッソーリ・メソッドのプログラム

◆「6～12歳」「12～18歳」「18～24歳」のプログラムが存在する

この本では「子供の家」で過ごす3～6歳の幼児期の発達に絞って解説をしてきましたが、実は**モンテッソーリ・メソッドは幼児だけのものではない**ということも、あわせてご紹介しておきます。

モンテッソーリは、**人間が生まれてから自己の確立に至るまでの24歳までを四つの時期に分けてとらえています。**子どもの成長をより長期的な視点で俯瞰して見るために、このことを知っておくことはとても重要です。

特筆すべきことは、四つの段階の発達に非常に大きな違いがあるということです。各段階の特徴をまとめると以下のとおりです。

【第１期】 変容期　誕生～6歳（0～2歳の乳児期、3～6歳の幼児期）

⬇敏感期の作用に伴って身体面、精神面の基本的機能を育てる時期

【第２期】 一定成長期　6～12歳（思春期直前まで）

⬇広い行動範囲を求める時期、道徳観の誕生、心の抽象化、文化への関心の高まり

【第３期】 変容期　12～18歳まで（12～15歳の思春期、15～18歳の青年期）

⬇生理的な変化による困難に直面する時期、正義感の完成、社会的な行動

【第４期】 18～24歳（完成に到達しつつある人格者）

⬇専門的な探求者、世界に貢献する適職を探す時期

ここでも、モンテッソーリは生物学的な「変容」という用語を使って説明しています。変容とは、生物が成長に伴って変化を遂げることを指したものです。

人の成長の変遷では、第1期と第3期に大きな変容が起こりますが、それに挟まれた第2期とは比較的穏やかで安定した時期です。日本の学校制度では小学生の年齢ですが、残念なことにまだ公的に認められているモンテッソーリの小学校はありません。

海外では小学課程のモンテッソーリ・スクールは数多くあり、国によっては大学まで存在しています。特に米国では、本書冒頭で述べたGoogleの創始者など著名人の活躍によりモンテッソーリ・スクールのブームが再燃しているようです。

「子供の家」を卒園しても、日本ではモンテッソーリ・メソッドの小学課程のプログラムを受ける機会に恵まれていないというのは残念なことです。ここではモンテッソーリの小学課程のプログラムについて詳細な解説はしませんが、この時期の子どもの精神性にはどのような特徴があり、どんな活動が適しているかを、少しご紹介したいと思います。

3~6歳の第1期では、自立への準備段階としてごく基礎的な力を身につけました。

第2期には広い世界へと興味の対象を広げ、膨大な知識を吸収していきます。これまでは親鳥の庇護のもと、巣の周りという限られた環境で外界に接していたヒナが、ついに巣立ちのときを迎えた姿に似ています。若いエネルギーと共に冒険の世界へと果敢に飛び出していく、飛躍のときです。目に入る物はどれも珍しく魅力的で、好奇心は尽きることがありません。

第２期には、これまでと違った傾向が表れます。

- 理性が発達し、論理的に考える力が高まる。文化の習得に適した時期。
- 道徳観に目覚める。物事の善し悪しを単に周囲からの情報だけで判断するのではなく、自分ごととして理解したいという欲求が芽生える。
- グループで行動するようになる。興味を同じくする仲間との行動によって喜びを得るようになる。リーダーとそれに従うもので組織を形成する。

◆小学課程のプログラム

3〜6歳の幼児のプログラムの後半に「文化」という領域があることをご紹介しました。それまで「日常生活の練習」「感覚」「数」「言語」で基本的な知識や経験を積んだ子どもたちが、さらに広い世界へと視野を広げていくための第一歩として主に科学をテーマに活動しますが、これがまさに小学課過程への橋渡しになっています。

モンテッソーリの小学生向けプログラム（6〜12歳）には　言語、数学（算数、代数、幾何学）、地理学（物理、化学を含む）、生物学、歴史、音楽などが含まれます。

小学校でも1〜3年生、4〜6年生という縦割りクラスが導入され、子どもが興味に応じて学習を深め、広げていけるようになっています。具体的には、教科ごとにグループレッスンを受け、その後、自己学習を行います。何をどこまで学んだかという記録も自分でつけます。

論理的思考の敏感期とも言えるこの年齢の子どもは、自分の興味のあるテーマを選んで詳しく調べたり、自分なりの考察を加えてみんなに発表したり、議論をすることもあります。

一方で、日本の小学校では、この特性よりもむしろ大量の知識を「記憶」することに重点が置かれているように思います。物事を単に記憶するというのは、ばらばらな情報をただ蓄積しているだけのことです。子どもと情報との間に「興味」という接点がなければ、覚えたところで役立てることはできません。

実体験を伴わないという点でも、学習として不十分だと言わざるを得ません。第4章で、幼少期の子どもは体験を通して概念を習得すると説明しましたが、どんな年齢であれ、何かを見聞きして覚えようとするよりも、体験したほうが早く、確実に理解できます。

一方、ここ数年の動きとして、日本の教育現場でも「アクティブラーニング」という言葉が使われはじめています。文部科学省の「新しい学習指導の考え方」によれば、児童・生徒が受動的に知識を詰め込む、これまでの一斉教育の問題点を認識して、より「主体的、対話的で深い学び」を目指しているようです。

この主体的な学びの場を子どもたちに提供するという方向性と、モンテッソーリ・メソッドの体系的なプログラムや子どものサポート方法には接点があるように思います。いつの日か、日本の教育現場にもモンテッソーリ・メソッドのエッセンスが取り入れられることを願っています。

◆日本の小学生が「モンテッソーリ・メソッドに触れる方法」

それでは、モンテッソーリ・メソッドの小学課程が存在しない日本では、子どもたちをどのように育んでいけばいいのでしょうか。

例えば、国内には、**モンテッソーリ・メソッドに基づいたプログラムを提供するインターナショナル・スクール**があります。そうしたところに通う、という選択肢もあるでしょう。一方で、より身近な方法も存在します。

この年齢の子どもたちに適する活動として、モンテッソーリが紹介しているのが、

「ボーイスカウト」です。

私自身の話ですが、父親がボーイスカウトの団長をしていた関係で子どものころは長い休みのたびに海や山にでかけてキャンプをしていました。

キャンプには当然大人が同行していますが、ほとんどの活動を子どもたち中心に行っていました。例えば自分たちで水をくんで運び、火をおこして炊事をしました。ロープワークの練習をしてテントをたてました。夜になれば星座を探したり、ギリシャ神話を聞いたりしました。万が一、山で迷子になったときに目印にすべき星の位置なども教わった記憶があります。

ボーイスカウトの活動は、自分の力で生きて行くための実践的な学びですが、暮らしの方法を知るだけでなく、**生き方そのものを吸収できる**活動です。

また、**異年齢のコミュニティの中でこの年齢独特の集団への帰属欲求が満たされる**という利点もあります。

この年齢の子どもたちは、物事に対して偏見のない見方ができるものです。年齢、ジェンダー、国、民族などを越えてさまざまな価値観に触れて、自らの世界を広げていく能力があります。初めて出会う感性や習慣に接しても、それが自分のものとは大きく違っていたとしても、素直に受け止めることができます。

子どものうちに多様な文化に触れることは、早くに自らのアイデンティティを意識することにつながります。

さまざまなことを知り、自分で考えて物事を判断する力がつけば、自分にとっての好き・嫌いがわかったり、得意・不得意がわかったりするだけでなく、疑問を持ったり、問題意識を持ったり、自分の意見を持ったりすることができます。

こうした体験を繰り返していくことが、モンテッソーリが目指した、世の中に貢献できる人間を生み出すことにつながっていくのではないかと思います。

おわりに　～人間はいくつになっても成長する

長い時間をかけてモンテッソーリ・メソッドについて解説をしてきました。これまでの内容をざっとおさらいしてみましょう。

第1章〈序章〉　モンテッソーリ・メソッドでどんな人間に育つのか

第2章〈基礎編〉
マリア・モンテッソーリが教育者となるまでの物語
モンテッソーリ・メソッドの三つの大きな特徴
親が知っておくべきこと

第3章〈実践編①〉
子どもが育つ「環境」を家庭でどのように整えるか

「自分でする子」が育つ11のヒント
第4章〈実践編②〉
子どもが育つ「環境」を「子供の家」ではどのように整えているか
第5章〈補足〉
五つの環境要素：教師、教具、自由時間、縦割りクラス、5領域
小学校以降の関わり方

「モンテッソーリ・メソッドってどんなもの？」というご質問に対して、ひととおりお答えできる内容になっていることを願っています。
そして、子どもに向き合う日々の中で、少しでもこの本がお役に立てるなら、とてもうれしく思います。

さて、モンテッソーリは24歳までを人間の成長の区切りとしましたが、すでに24歳を過ぎてしまった私たちはもう成長することはないのでしょうか？

そんなことはありません。肉体的には老いていったとしても、人間の精神とは生きている限り変化し、成長し続けるものだと思います。

いつもの生活の中で見落としていたことを、ふとしたきっかけで発見することがあります。

私の場合はサラリーマンを辞めて今の職を選んだことをきっかけに、それまで目につくこともなかったものに気がつくようになりました。

公園を歩いていても、落ちている木の実を拾ってみようと思ったことすらありませんでしたが、今ではドングリにもさまざまな種類があることを知っています。

子どもの視点を持つことで、世の中の見え方が大きく変わったのです。子どもに教えるつもりが、むしろ子どもから教わることのほうが多いと気づいてからは、積極的に一緒に楽しんだり、疑問を持ったり、考えたりするようになりました。

毎日が同じことの繰り返しになるか、新しい発見と成長の連なりになるかは、その人の生き方次第です。自分で考えることをやめなければ、人生はいつまでもいきいきと楽しい、学びの日々になります。

お子様にとって、そして読者の皆様にとって、本書が、そんな生き方の一助になることを願っています。

最後になりましたが、この本の出版にあたり、多くの発見と学びを与えてくれた「子供の家」の子どもたち、いつも温かく支えてくださる保護者の皆様、アンケートに快く協力してくださった卒園生の皆様に感謝申し上げます。

また、私を教え、導いてくださる教師の先輩方、本書の監修をしてくださった堀田和子園長、モンテッソーリ・メソッドと出会うきっかけを与えてくれた、夫である堀田海也に感謝いたします。そして、出版の機会を与えてくださった、あさ出版の田賀井弘毅氏に心から御礼を申し上げます。

堀田はるな

監修の言葉

「モンテッソーリ原宿子供の家」は1973年に開設した小さな幼児施設です。今まで卒園した園児も総勢300人ほどです。大規模な幼稚園では1年間の園児数と同じでしょう。

45年かけて同じ人数の卒園児を送り出したわけです。正に手塩にかけて、園児一人ひとりによりそって育ちを援助してきました。

「原宿子供の家」ではモンテッソーリ教育を基礎にして、小さな科学者、芸術家の卵を応援しています。園児の日々の生活が、たくさんの不思議とたくさんの驚き、発見の場になるように願い、私たちのできる最高の教育を……と心をこめて保育をしています。

この本は、小さな園だからこそ見えてきたモンテッソーリ教育のすばらしさと新鮮な驚きを簡潔にまとめています。長年にわたって積み重ねてきた実践に基づく環境づくりのノウハウと、子どもたちの成長の姿が詰まっています。皆様の子育ての参考になれば幸いです。

この小さな「子供の家」を信頼して大切なお子さんを預けてくださったご父母の皆様に感謝して、この本を贈ります。

堀田和子

著者紹介

堀田はるな（ほった・はるな）

モンテッソーリ原宿子供の家・モンテッソーリすみれが丘子供の家教員、保育士。北海道出身。アパレル業界を経て、2001年にアマゾンジャパン株式会社に入社。オンラインマーケティング業務に従事。2009年に株式会社マネックスFXに入社、マーケティング企画やPRを担当。結婚を機に、教育の道へ転身。2016年、NPO法人東京モンテッソーリ教育研究所付属教員養成コース卒業、日本モンテッソーリ協会承認モンテッソーリ教員免許取得。

監修者紹介

堀田和子（ほった・かずこ）

モンテッソーリ原宿子供の家・モンテッソーリすみれが丘子供の家園長。NPO法人東京モンテッソーリ教育研究所付属教員養成コース主任講師。
上智大学文学部教育学科卒業（心理学専攻）後、1968年、CACOドーム教育研究所開設、児童教育を開始。1972年、上智モンテッソーリ教員養成コース卒業、日本モンテッソーリ協会承認ディプロム取得。1973年、モンテッソーリ原宿子供の家開設。1980年、上智モンテッソーリ教師養成コース講師就任。1988年、American Montessori Societyへ留学、モンテッソーリ小学部ディプロム取得。1992年、モンテッソーリすみれが丘子供の家開設。2006年、NPO法人東京モンテッソーリ教育研究所発足。上智大学からモンテッソーリ教員養成コースが独立するに伴い主任講師就任。

■モンテッソーリ原宿子供の家・モンテッソーリすみれが丘子供の家
http://www.monte-tokyo.com/

子《こ》どもの才能《さいのう》を伸《の》ばす最高《さいこう》の方法《ほうほう》
モンテッソーリ・メソッド

〈検印省略〉

2018年　3　月　30　日　第　1　刷発行
2018年　9　月　25　日　第　5　刷発行

著　者——堀田　はるな（ほった・はるな）
監修者——堀田　和子（ほった・かずこ）
発行者——佐藤　和夫

発行所——株式会社あさ出版
〒171-0022　東京都豊島区南池袋 2-9-9 第一池袋ホワイトビル 6F
電　話　03（3983）3225（販売）
　　　　03（3983）3227（編集）
F A X　03（3983）3226
U R L　http://www.asa21.com/
E-mail　info@asa21.com
振　替　00160-1-720619

印刷・製本　美研プリンティング（株）

ISBN978-4-86667-033-1 C0037